[老 see: near zone]

본 도서는 티앤씨재단 APoV 콘퍼런스 '노시니어존'을 책으로 펴낸 것입니다.

티앤씨재단은 교육 불평등 해소 및 공감인재 양성을 위해 장학, 교육, 학술,
복지 사업을 운영하는 재단법인입니다. 아포브(APoV, Another Point of
View) 프로젝트를 통해 공감 사회에 대한 폭넓은 담론을 열어가고 있습니다.

https://tncfoundation.org/

[老 see : near zone]

노시니어존

우리의 미래를 미워하게 된 우리

구정우, 김혜리, 김태유, 장기중, 이상희, 남궁은하, 하야카와 치에 지음

T&C
Foundation | 마로니에북스

나이 듦의 재발견,
세대 공존을 향한 지혜

정희원

서울아산병원 노년내과 전문의
『당신도 느리게 나이 들 수 있습니다』, 『느리게 나이 드는 습관』 저자

나는 여러 지병을 앓고 신체, 인지, 정서 등 다양한 기능적 어려
움을 겪는 어르신들을 주로 진료하는 노년내과 의사이다. 연구자
로서는 사람의 건강과 노화의 궤적을 깊이 연구하며, 인간이 나이
들어가는 방식에 대한 폭넓은 이해를 쌓아왔다. 진료실과 연구 현
장에서 수많은 사람들을 만나오며 깨닫게 된 것은, 단순히 숫자로
정의되는 나이의 의미를 넘어, 저마다 다른 삶의 경험과 태도가 만
들어낸 다채로운 나이 듦의 모습들이다. 나이 듦이 단순한 생물학
적 과정이 아니라, 개인의 사고방식과 사회적 맥락에 따라 크게 달
라질 수 있음을 느끼기도 한다. 어떤 이들은 질병과 불편 속에서도
삶의 활기를 잃지 않으며, 노년을 풍성한 완성의 시기로 여긴다.
반면 의학적으로 상당히 건강한 신체를 가지더라도 노년을 거부

하며 숨기고 싶어하는 이들도 많다. 활력 있는 노년을 즐기며 삶의 선순환을 만드는 이들이 있는가 하면, 내가 인간의 '3대 도둑놈 심보'라 부르는 문제, 즉 몸 편하고, 머리 안 쓰고, 마음 편하고 싶은 태도를 절대로 바꿀 용의가 없어 스스로 노쇠와 치매의 경과를 가속시키고야 마는 이들도 있다. 이러한 경험은 나이 듦의 본질을 이해하고, 이를 긍정적으로 받아들이고 활용할 수 있는 길을 찾는 것이 얼마나 중요한지 그동안 일깨워주었다.

서로 다른 세대가 함께 살아가는 사회 속에서 다양한 격자의 고민과 갈등이 존재한다. 젊은 세대는 불확실한 미래를 고민하며 공정과 기회를 외치고, 노년 세대는 사회적 역할의 축소와 고립감 속에서 자신의 자리를 찾고자 애쓴다. 이 책『노시니어존: 우리의 미래를 미워하게 된 우리』는 이러한 현실 속에서 세대 갈등을 넘어 공존으로 나아가기 위한 실질적 해법을 탐구한 소중한 논의의 집대성이다. 다양한 전문가들의 통찰과 목소리를 통해 각 세대가 서로의 시각을 이해하고 배워가며 함께 나아갈 수 있는 길을 모색한다. 세대 갈등의 원인부터 구체적인 사례, 그리고 국내외에서 시도된 다양한 대안적 모델까지 포괄적으로 다루며, 독자들에게 풍성한 인사이트를 제시하고 있다.

세계 3대 차별로 불리는 연령주의(Agism)는 유독 대한민국에서 강하다. 사회에 뿌리내린 연공서열과 연령주의는 젊은 세대의 발언권과 참여를 제한하지만, 일정 연령대가 되었을 때는 사회에서 우대를 받는 요인으로 작용하기도 한다. 특히, 사회적·경제적 권력을 장기간 장악해온 세대의 영향은 세대 간 갈등의 주요 요인으로 작용하기도 한다. 과도한 세대 내 권력 집중은 단순히 개인의 기회 박탈을 넘어, 사회 전반의 역동성을 약화시키는 요인으로 작용할 수 있다. 젊은 세대가 발언권과 참여 기회를 얻을 수 있는 환경을 조성하고, 세대 간 권력의 균형을 재정립하는 것은 우리 모두가 더 나은 사회로 나아가기 위해 필요한 과정이다. 이는 단순히 특정 세대의 잘못이 아니라, 급격히 변하는 환경 속에서 세대 간 이해의 부족과 소통의 단절로 인해 심화된 구조적 문제이기도 하다. 흥미로운 점은 이처럼 강력한 연령주의가 특정 시점에서 중위 연령 근처에 위치한 이들에게는 쾌적함을 주지만, 젊거나 아주 나이 든 이들은 오히려 배제하는, 마치 연령의 등고선과 같은 형국을 만든다는 점이다. 이 '연령주의 등고선'이 무척 가파른 우리나라에서 노인은 혐오와 차별의 대상이 되고 있다. 이 책은 여러 분야의 전문가들이 이러한 문제들에 천착해 대안을 제시하며, 전 세대가 함께 지속 가능한 미래를 만들어가는 협력의 필요성을 강조한다.

노년은 단순히 쇠퇴와 상실의 시기가 아니다. 연구에 따르면 노년을 긍정적으로 받아들이는 사람들은 그렇지 않은 사람들에 비해 더 긴 수명을 누리는 경향이 있다. 특히, 70~80대에도 젊은 성인에 못지않은 신체적·인지적 능력을 유지하며 활발한 삶을 이어가는 '슈퍼 에이저(super agers)'들의 사례는 노년의 가능성을 극적으로 보여준다. 이들은 신체와 정신의 건강을 유지하는 데 있어 성장 마인드셋을 바탕으로 끊임없이 자신을 계발하며 신체 활동, 인지 자극, 사회적 활동을 멈추지 않는 특징을 가지고 있다. 노년은 그동안의 경험과 지혜를 바탕으로 새로운 삶의 방식을 창조하고, 가장 깊이 있고 성숙한 관계를 맺을 수 있는 시기이다. 뿐만 아니라 우리가 여전히 성장하고 도전하며 활기를 유지할 수 있는 인생의 또 다른 정점이 될 수 있다. 이 책은 노년이 사회적 자산으로 인정받고, 그들의 목소리가 사회에 반영될 수 있는 다양한 방법을 제안한다. 예를 들어 노년층의 경험을 바탕으로 멘토링 프로그램을 운영하거나, 지역 사회의 다양한 세대가 함께 어울릴 수 있는 플랫폼을 구축하는 등의 구체적인 방안이 소개된다.

사실, 노년층은 단순히 사회의 부담이 아니라 사회 발전의 동력으로 기능할 수 있다. 청년이 에너지와 혁신성으로 대변된다면, 노년은 지혜와 안정감을 의미하기도 한다. 상호 보완적인 세대 간 협력은, 우리 사회가 직면한 많은 문제를 해결할 수 있는 강력한 도구가 될 수 있다. 노동 시장에서 노년층이 단순히 은퇴해야 하는 대상이 아니라, 지속적으로 사회에 기여할 수 있는 방법을 모색할 필요가 있다. 노년층의 지혜와 경험을 활용하여 새로운 사업 모델을 개발하고, 교육 프로그램을 통해 다음 세대를 이끌어갈 지도자를 양성하는 등의 사례는 이 책에서 제시하는 실질적인 방안 중 일부에 불과하다. 활력 있는 노년을 보낼 수 있는 기회가 주어질 때, 이를 통한 신체, 인지, 사회 활동은 치매와 노쇠를 예방할 수 있게 해주며, 사회 차원에서의 지속 가능한 나이 듦도 가능하다.

나이 듦은 단순히 시간이 흘러가는 과정이 아니라, 우리 삶의 또 다른 장을 여는 기회로 볼 수 있다. 나이가 든다는 것은 더 많은 것을 잃는 게 아니라, 더 깊이 있는 삶을 살아갈 수 있는 지혜를 얻는 과정이다. 이 책은 노년층이 자신의 삶을 긍정하고, 사회가 노년층의 가치를 인정할 수 있도록 다양한 사례와 연구를 바탕으로 독자들에게 새로운 인사이트를 제공한다.

예를 들어, 지역 사회를 중심으로 한 세대 통합 프로젝트는 세대 간의 교류를 촉진하고, 서로에 대한 이해를 높이는 데 기여할 수 있다. 젊은 세대와 노년 세대가 함께 일하고 배우며 성장할 수 있는 환경을 조성하는 것은 단순히 개인의 이익을 넘어, 사회 전체의 발전으로 이어질 것이다. 일터에서도 젊은 세대와 노년 세대가 서로의 강점을 활용하며 협력할 수 있는 구조를 만들어내는 것은 기업의 생산성을 높이고 조직의 역량을 강화하는 데 기여한다. 이를 위해 세대 간의 소통을 강화하고, 멘토링 프로그램이나 워크숍을 통해 서로의 관점을 이해할 수 있는 기회를 제공하는 것이 중요하다.

사실 오늘날의 노년은 점차 건강하고 활력이 있는 방향으로 나아가고 있다. 서구에서는 '40세가 새로운 30세'라는 이야기가 나온 지 이미 오래다. 인구학자 워렌 샌더슨(Warren Sanderson)의 제안과 같이 기대여명이 15년 남은 시점을 노년의 기준으로 정의한다면, 현 시점에서 남성은 70대 초반, 여성은 70대 중반 정도에 이르

1993년

| 출생 | 교육 | 취업 | 결혼 | 출산 | 은퇴 | 노쇠 | 사망 |

신입사원 평균 연령
25.1세

첫째 자녀 출산
모의 평균 연령 36.0세

초혼 연령
남성 28.9세, 여성 26.1세

건강수명 67.4세(2000년)
기대수명 74.8세

2023년

| 출생 | 교육 | 취업 | 결혼 | 출산 | 은퇴 | 노쇠 | 사망 |

신입사원 평균 연령
30.9세(2018년)

첫째 자녀 출산 모의 평균
연령 33.0세(2022년)

초혼 연령
남성 33.7세, 여성 31.3세

건강수명 73.1세(2019년)
기대수명 83.6세

러야 노년의 몸을 가진다고 볼 수 있다. 나와 전남대학교 의과대학 강민구 교수가 「국민건강영양조사」 자료를 분석했을 때에도 비슷한 패턴이 관찰되는데, 20년 전 60대 중반에 도달한 분들의 건강 상태와 현재 70대 중반인 분들의 건강 상태가 비슷할 정도다. 시민들의 주관적 인식도 유사하다. 많은 조사에서 72~75세 정도를 실질적인 노년의 기준으로 보고 있다. 흥미롭게도 한국인의 실질 은퇴 연령도 이와 크게 다르지 않다. 여기에 더해, 베이비부머(baby boomer)가 나이 들면서 가장 건강하고 부유한 신(新)노년이 탄생하고 있는 중인 점을 고려하면 앞으로 우리 사회가 생각하는 노년의 모습은 크게 달라질 가능성이 있다.

이렇게 사회 내 나이 듦의 모습들이 빠르게 바뀌고 있음에도,

아직까지 우리 사회는 후사경을 보고 미래의 모습을 그리고 있는 형국이다. 특정 연령에 도달하면 취업이나 은퇴가 과거와 같은 모습으로 그대로 반복될 것이라는 생각 등을 개인적으로는 '스냅샷의 오류'라고 비판해왔다. 후기 고령자(75세 이상) 시기에 진입하더라도 현역 마인드셋을 유지하며 뇌 건강과 근육 건강을 지키는 사회 분위기가 널리 퍼진 일본의 모습과는 달리, 아직까지 노년의 노동은 빈곤의 결과인 것으로만 생각하는 우리들의 관점은 바뀌어야 한다. 이제 우리의 시선은 다이내믹하게 변화하는 사람들의 삶의 모습을 바탕으로 다른 미래를 향할 때가 되었다고 생각한다. 그림에서 확인할 수 있는 것처럼 급격한 사회 변화와 함께 우리 삶의 마일스톤이 전체적으로 길게 늘어나고 있기도 하다. 이러한 변화를 고려할 때, 앞으로의 생애 마지막 30년은 일 · 즐김 · 휴식이 모두 섞인 가장 풍요로운 이모작의 시기가 되어, 돌봄 대상이 아닌 사회의 활발한 구성원으로 지낼 수 있는 시간이 될 것이다.

『노시니어존: 우리의 미래를 미워하게 된 우리』는 단순히 세대 갈등을 해결하기 위한 책이 아니다. 이는 나이 듦에 대한 더 나은 이해를 바탕으로 미래의 대한민국이 보다 지속 가능한 나이 듦의 방향으로 나아갈 수 있는 가능성을 탐구하는 책이다. 이 책을 통해 독자들은 나이 듦에 대한 새로운 시각을 얻고, 자신의 삶과 주변 사람들의 생애 궤적을 보다 긍정적으로 변화시킬 수 있는 영감을 받을 수 있을 것으로 생각한다.

내가 겪는 노년

이병남

前 LG인화원 사장
『경영은 사람이다』, 『회사에서 안녕하십니까』 저자

나는 올해 만으로 70세가 되었다. 그런데 스스로 노년에 접어들었다고 느낀 건 60대 초반부터였다. 그러면서 '내가 노인이 된다는 것이 대체 무슨 의미일까?'라고 질문하게 되었다. 이런 생각은 몸이 예전 같지 않다는 사실을 실감하면서부터 하게 된 것 같다.

아직 현직에 있던 50대 후반, 평소같이 친구들과 등산을 하던 도중 발목이 너무 아프고 부어서 걷기가 힘들었다. 병원을 방문했더니 발목 관절의 연골 손상으로 인한 염증이라는 진단을 받았다. 치료 후에도 등산은 하지 말라는 의사의 당부가 있었다. 20대부터 즐기던 취미였는데 앞으로 못하게 된다고 생각하니 그 심적 충격이 컸다. 발목뿐만이 아니었다. 팔꿈치가 아파서 골프 스윙이 어려워졌고, 대체 운동으로 하라던 수영도 목뼈 부근의 통증으로 계속

할 수가 없었다. 현직에 있을 때부터 비문증으로 눈이 불편해지기 시작했는데 은퇴 후에는 컴퓨터 스크린을 보거나 신문을 읽는 것도 힘들 정도로 심해져서 결국은 양쪽 눈 모두 백내장 수술을 했다. 은퇴 후의 허전함과 상실감에 내 몸의 한계까지 절감하며 '아, 이제 정말 내리막길이구나' 하는 생각에 우울해졌다.

그 무렵 천주교 신부인 고등학교 후배가 책 한 권을 선물해주었다. 폴 투르니에(Paul Tournier)가 쓴 『노년의 의미(Learn to Grow Old)』(2015)라는 책이었다. 첫 번째로 읽은 노년에 관한 책이었는데, 이때부터 노년에 대해 새로운 눈이 열리기 시작했다. 비슷한 시기에 평소 가까이 지내던 개신교 목사분이 동영상을 하나 보내주었다. 토마스 키팅(Thomas Keating) 신부가 영면하기 몇 년 전 노년에 관해 얘기한 것이었다. 그중 "노화는 영적 전환으로의 초대이다!"라는 말에 정신이 번쩍 들었다. 그러면서 '아, 늙어가면서 노인이 된다는 것은 신의 선물이구나'라는 생각에 이르렀다. 육체적인 한계를 느끼면서 겸손해지고, 그러면서 지식에서 지혜로의 길이 열린다는 깨달음을 얻은 것이다. 그러던 차에 제주도 포도(PODO) 뮤지엄에서 열리고 있던 독일 조각가 케테 콜비츠(Kathe Kollwitz)의 전시회에 방문하여 다시 한번 눈이 번쩍 뜨이는 경험을 했다. 그의 일기중에 동생인 리제의 글을 인용한 부분이었다.

"노년이란 청춘이 가졌던 힘의 나머지가 아니라, 온전히 새로운, 그 자체로 존재하는 커다란 무엇이다."

"영원한 불빛들이 반짝이기 시작한다."

이 부분을 오랫동안 붙들고 생각했다. 그리고 생각의 끝에서 노화와 함께 나의 신체적 능력, 기억력, 분석력이 내리막길에 들어선 것을 인정하자, 완전히 다른 차원의 지혜와 영성의 세계로 옮아갈 수 있는 문이 살짝 열리는 게 보이는 듯했다.

젊었을 때는 광고 회사에 다니다가 10년 전부터 예술 조경 일을 하고 있는 70대 중반의 선배가 있다. 의욕적으로 일하는 그를 보며 참으로 에너지 레벨이 높은 사람이라고 생각했었다. 그런데 그가 최근에 말하기를 70세가 넘으니까 확실히 몸과 마음의 한계를 느끼기 시작했다는 것이다. 그러면서 노화를 겪는 이 시기에는 욕망을 충족시키려 하지 말고 욕망을 창조해야 한다고 말했다. 젊었을 때와는 전혀 다른 자신의 욕망을 찾아내 그걸 따라서 즐겁고 낭만적으로 살아야 한다는 것이다. 그리고 살아 있다는 건 몸과 마음이 움직인다는 것이니 가고 싶었던 곳으로 여행을 가고, 책이나 영화도 많이 본다고 했다. 이렇게 생각하는 활동을 활발히 하면서 매년 책을 한 권씩 쓰는 목표도 세웠다고 했다. 그것들을 매개로 자신의 삶의 경험과 인사이트를 젊은이들에게 나눠주어 그들에게 부족한 부분을 채워주고 싶다는 것이다.

이 선배의 이야기를 들으면서 '욕망(wants)의 충족'과 '욕구(needs)의 발견'에 관한 생각을 했다. 젊었을 때 '나는 이래야 한다, 저래야 한다'라고 했던 스스로의 규범에서 벗어나 '내가 나의 삶에서 정말로 원하는 건 무엇인가?'라는 질문을 던지고 답을 찾아내고 그 길을 가는 것이 내가 제대로 사는 게 아닌가 하는 것이다. 나를 포함한 많은 사람들이 젊은 시절에는 일에 몰두하고 성과를 내고 인정을 받기 위해 온 힘을 쓰면서 그때 그때의 '욕망'은 알아채지만, 정작 자신의 내면 깊은 곳에 있는 '욕구'에 대해서는 잘 생각하지 못한다. 그러나 은퇴하고 노년에 접어들면 나의 욕구에 기반하여 내가 주인인 나의 삶을 찾아야만 늙어도 낡지 않을 수 있는 것이 아닌가 싶다.

최근에 나는 내면의 욕구들에 집중하고 정신활동을 더 활발히 할 수 있는 경험을 하고 있다. 남들이나 사회가 만들어놓은 삶의 기준은 그냥 참고만 하고 더 이상 거기에 나 자신을 맞추려고 하지 않는다. 그런 영역에 에너지를 쓰기에는 내 생에 남아 있는 시간이 그리 많지 않다는 것을 깨달았기 때문이다.

이런 과정을 통해서 발견한 지금 나에게 가장 중요한 욕구는 따스한 관계라는 것을 알게 되었다. 따스함은 생명을 키운다. 따스한 관계는 그걸 통해서 무엇을 하겠다는 도구가 아니라 그 자체가 추구할 만한 목표라고 여기게 되었다. 최근 한강 작가의 노벨문학상 수상 소감을 깊이 감동하며 읽었다. 그가 오랫동안 고뇌하면서 해왔던 질문들, "세계는 왜 이토록 폭력적이고 고통스러운가, 동시에 세계는 어떻게 이렇게 아름다운가"에 대한 답을 이제는 어렴풋이나마 찾았다고 말하는 것 같았다. 참혹성과 존엄성을 동시에 가진 생명체로서의 인간은 살고자 한다는 것, 작가가 30년 넘게 해왔던 모든 질문들의 가장 깊은 겹은 사랑을 향하고 있었다는 것, 그리고 사랑은 우리의 가슴과 가슴 사이를 연결해주는 금실이라는 것이다. 이 나이에 이르러 내가 발견한 나의 가장 중요한 욕구는 따스한 관계이고 그것은 한강 작가가 말하는 금실, 즉 사랑인 듯하다.

내 삶의 관계들 속에서 그런 금실을 찾고 또 가지려면 내가 달라져야 한다. 과거의 내 생각, 관념, 설혹 그것들이 아무리 옳은 것이었다 하더라도 노년을 맞이한 지금은 과거의 마인드 프레임에 갇히지 않고 이를 깨고 나오는 용기와 노력을 갖추고 싶다. 그래야만 비로소 따스한 관계의 사랑 속에서 노년의 마지막까지도 내가 더 나은 존재로 성장할 수 있을 거라고 생각하기 때문이다.

『노시니어존: 우리의 미래를 미워하게 된 우리』는 나이 듦의 새로운 지도를 펼쳐 보인다. 노화는 한계의 끝이 아닌, 지혜와 따뜻함으로 이어지는 또 다른 길이다. 이 책을 읽으며 각자의 삶 속에서 새로운 욕구를 발견하고, 관계 속에서 사랑의 금실을 이어가기를 바란다. 또한 노년은 우리의 마음을 열어 더 넓고 깊은 세계로 나아가는 초대이다. 그 초대에 응하면서, 지금까지 걸어온 길을 되새기고 앞으로 나아갈 길을 스스로 설계해 보는 것은 어떨까.

사랑으로 연결된 우리

정혜신
정신건강의학과 전문의
『정혜신의 사람 공부』, 『당신이 옳다』 저자

사고로 무인도에 고립된 두 그룹이 있었다. 한 쪽은 장정 7명이었고 다른 쪽은 인원은 같지만 여자와 노인, 그리고 갓난 아이가 섞여 있었다. 비슷하게 극단적인 환경에서 여자, 노인, 아기가 섞인 쪽만이 살아남았다. 극한의 물리적 상황에서 생존하려면 장정의 힘이 절대적일 텐데 정반대의 결과다. 무슨 이유였을까? 생존에 필요한 힘은 물리력 그 이상에 있다는 것이 이 생존 보고서의 핵심이다. 고립된 공동체의 생의 에너지를 극적으로 끌어올린 건 무기력한 아기였고 생의 불씨인 아기를 보호한 이는 노인이었다. 그렇게 생성된 터전 위에서 나머지 인원들이 힘을 합쳐 현실의 벽을 넘어 생존한 것이다.

『노시니어존: 우리의 미래를 미워하게 된 우리』의 공저자 이상

희는 노인들이 인류 진화에 기여했다고 설명한다. 인간을 가장 인간다울 수 있게 하는 핵심은 연결과 돌봄이며 그 중심에 노인이 있다는 그의 통찰에 백 번 동의한다.

'우리의 미래를 미워하게 된 우리'라는 부제를 처음 봤을 때, 내 가슴에 어른거리는 저격수의 레이저 표식을 목도할 때처럼 철렁했다. 단 한 명의 예외도 없이 누구나 맞이할 수밖에 없는 나의 미래를 왜 미워할까? 총구에 떠밀려 수십 명의 사람들이 자신이 묻힐 구덩이를 파고 있는 그로테스크한 전쟁 학살 장면이 떠오른다. 지금 우리에게 누가 총구를 겨누고 있는 것도 아닌데 자기 무덤을 파는 식의 어리석음은 멈춰야 하지 않겠는가.

치유 전문가로서, 한 개인으로서 나는 지극한 사랑주의자다. 오래전부터 글로 내 흔적을 남겨야 할 땐 '사랑한다는 말밖엔'이라는 문장만 적는다. 그게 모든 것이라고 믿어서다.

노인 요양원 종사자들에 의하면 어르신들에게 제일 애틋한 보호자는 할머니가 키운 손주들이란다. 부모에 비해 할머니는 양육에서 현실적 측면의 지원자라기보단 손주들에게 사랑의 화신 그 자체였을 터이다. 사랑으로 연대한 사이라서 그토록 애틋한지도 모른다. 이 책의 공저자 장기중은 인간은 인지 저하증을 앓고 있어도 사랑하는 사람들과의 관계를 유지하려는 본능을 가지고 있다 말한다. 기억이 흐려져도 사랑의 감정은 유지할 수 있다는 것이다. 사랑주의자인 내가 동의 안 할 이유가 없다. 우리의 미래인 노인은 '사랑하는 힘'을 통해서라면 어떤 관계에서도 배제되지 않을

수 있다. 사람과 세상에 계속 기여할 수 있고 죽는 순간까지 살아
갈 이유와 의미를 실감할 수도 있다. 충분히 사랑하고 사랑받는 삶
은 삶에서 불필요하거나 비본질적인 것들을 손에서 쉽게 놓게 한
다. 심리정서적으로 포만감을 느껴서 그렇다. 거품이 사라진 담백
한 미래다.

내가 세상에서 제일 사랑하는 남자는 고령 인구에 속한다. 하지
만 내겐 여전히 근사한 남자다. 그가 특별한 사람이라서가 아니라
자세히 보고 오래 보면 일개 노인이 아니라 삶의 사연이 꽃밭처럼
만발한 단독자라서다. 공감이란 자세히 보고 끝까지 보는 것의 다
른 이름이기도 하다. 그런 점에서 이 책은 우리의 미래인 노인에
관한 공감의 나침반인 동시에 지팡이다. 누구에게나 오지(奧地)일
수밖에 없는 '우리의 미래'인 노인에 이르는 길에 대한 상세 지도
와 의지할 지팡이를 받아 든 느낌이다. 선물하는 느낌으로 권한다.

『노시니어존』이 묻는
근본적 질문들

정재승

KAIST 뇌인지과학과 교수, 융합인재학부 학부장
『열두 발자국』, 『정재승의 과학 콘서트』 저자

노인 혐오와 세대 갈등이 한국 사회를 가로지르는 균열의 축으로 자리 잡은 가운데, 『노시니어존: 우리의 미래를 미워하게 된 우리』는 이 불편한 진실을 정면으로 마주한다. 책은 노년과 청년, 과거와 미래가 충돌하는 지점을 날카롭게 해부하면서도, 그 균열 사이에서 공감과 연대의 가능성을 모색한다. 사회학자, 경제학자, 인류학자, 영화감독 등 각기 다른 분야의 전문가들이 참여한 이 책은 통계적 현실과 인간의 존엄성에 대한 철학적 질문을 교차시키며 독자에게 깊은 사색을 요구한다. 저자들은 우리 시대의 세대 갈등을 단순한 문화적 차이로 축소하지 않고, 구조적 불평등과 감정의 정치학으로 성찰한다. 특히 〈플랜 75〉라는 디스토피아적 상상 속에서 펼쳐지는 자발적 죽음의 제도와, 인류 진화에서 노인이 맡아온 중심적 역할에 대한 탐구는 이 책의 서사를 더욱 도발적이면서도 인간적으로 만든다.

한국 사회가 직면한 초고령화의 경제적·윤리적 난제를 조명하는 동시에, 노인을 향한 불편한 시선을 변화시키려는 이 책의 시도는 시의적절하면서도 담대하다. 세대 간 갈등을 고발하면서도 그 갈등을 치유할 대화를 제안하고 있어, 미래의 한국 사회가 어떤 방향으로 나아가야 할지 설득력 있는 목소리로 성찰한다. 단순한 사회학적 분석을 넘어, 독자에게 자기 자신과 공동체에 대한 근본적 질문을 던지고 있는 이 책은 노년의 의미를 다시 쓰고 우리 모두의 미래를 위한 새로운 사회 계약을 요구하는 강력한 경고장이다.

서로를 이해하는 길 위에서

"당신이 오래 사는 유일한 방법은 늙는 것뿐이다."

미국의 배우이자 코미디언 조지 번즈(George Burns)의 이 말은 유머처럼 들리지만, 나이 듦이라는 누구도 피할 수 없는 보편적 현실을 다시 떠올리게 만든다.

몇 년 전, 한 노인이 추운 겨울날 버스 정류장에서 따뜻한 차를 나눠주는 봉사 활동을 하고 있다는 기사를 보았다. 그 모습을 본 많은 네티즌이 어르신의 헌신에 감사를 표했지만, 일부 댓글 중에는 '노인들은 연금 등 혜택만 받고 젊은 세대가 겪는 현실의 어려움을 모르기에 이런 활동이라도 시켜야 한다'는 낯선 반응도 공존하고 있었다. 그 내용에 깜짝 놀랐던 기억이 난다.

날이 갈수록 심해지는 연령주의와 세대 갈등은 단순히 가치관의 충돌 때문이 아니라, 고령화와 저출신으로 인한 인구 구조의 변화가 근본적인 배경으로 작용하고 있다. 기대수명의 연장으로 길어진 노년의 시간은 많은 이들에게 경제적 불안과 사회적 고립을 안겨주고, 저출산으로 인한 인구 구조 변화는 젊은 세대에게 부양의 책임과 미래에 대한 불안을 증폭시킨다. 특히 OECD 국가 중 노인 빈곤율과 자살률 1위를 기록하고 있는 한국의 현실은 세대 간 불신과 갈등을 심화시키며, 사회적 긴장을 더욱 팽팽하게 한다.

갈등의 단면은 '노시니어존(No Senior Zone)'이라는 신조어에 적나라하게 드러난다. 과거에 '노키즈존'이나 '맘충' 같은 충격적인 단어들이 등장한 것처럼, 노인의 출입을 제한하는 '노시니어존'이라는 표현은 타인으로 인한 조금의 불편함도 감수하지 않으려고 배제하고 낙인찍는 우리의 태도가 만들어낸 차별의 민낯을 보여준다. 이제 나이 듦은 단순히 개인이 겪는 생물학적 변화가 아니라, 공동체 전체가 풀어야 할 복잡한 문제로 다가왔다.

아프리카 속담에 "노인 한 명이 죽는 것은 도서관 하나가 불타는 것과 같다"라는 말이 있다. 이는 노인이 단순히 부양의 대상이 아니라, 사회적 경험과 지혜의 보고임을 상기시켜준다. 하지만 초고령화 사회에서는 이러한 가치를 종종 간과한 채, 노년층을 단지 부양의 부담으로만 여기는 동시에, 공공의 자리에서도 배척하는 현실까지 와있다. 하지만 조지 번즈의 말처럼, 죽지 않는 한 누구나 언젠가 마주하게 될 노년을 우리는 어떤 시선으로 바라보아야 할까?

『노시니어존(老 see:near zone): 우리의 미래를 미워하게 된 우리』는 이러한 문제의식에서 시작되었다. 노인 출입을 금지한다는 'No Senior Zone'의 발음을 노인을 뜻하는 한자 '老(늙을 로)'와 주변을 살펴본다는 의미의 'see near(시니어)'로 풀어내어, 초고령화 사회에서 세대 간 갈등을 단순한 문제로 바라보지 않고, 우리가 함께 풀어나가야 할 중요한 숙제이자 새로운 가능성으로 접근하고자 했다.

이 책의 모태가 된 콘퍼런스에서는 영화, 사회학, 복지학, 정신건강학, 경제학, 인류학 등 다양한 분야의 전문가들이 참여하여 초고령화와 세대 갈등의 문제를 다각도로 논의했다. 영화와 예술을 통해 노년층의 고독과 상실감을 조명하고, 사회학적 분석으로 세대 간 갈등의 구조적 원인을 탐구했으며, 복지와 정신 건강, 경제적 협력의 가능성을 제안하는 등 다양한 시각이 제시되었다. 이러한 논의는 초고령화 사회의 복잡성을 이해하고, 세대 간의 차이를 넘어 공존과 화합을 위한 실질적인 대안을 모색하는 데 중요한 통찰과 영감을 제공했다.

콘퍼런스는 사회적으로도 큰 반향을 일으켰다. 유튜브 채널에는 "마음이 따뜻해졌다"라는 감동의 댓글들이 줄을 이었고, 다양한 계층의 사람들이 건설적인 토론에 참여하며 자신들의 경험과 시각을 공유했다. 특히 젊은 세대와 노년 세대가 서로를 이해하려는 노력이 돋보였고, 세대 간 공감을 키우는 데 중요한 계기가 되었다는 호평이 이어졌다. 이처럼 콘퍼런스는 단순한 지식 공유를 넘어, 사람들이 서로의 이야기에 귀를 기울이고 공감하는 장으로 자리매김했다.

헤르만 헤세(Hermann Hesse)의 책『지와 사랑(Narziß and Goldmund)』(1930)의 두 주인공 나르치스와 골드문트는 서로 다른 세계를 살아간다. 나르치스는 규율 속에서 자신을 단련하며 내면의 질서를 지키는 구도(求道)의 삶을 택했고, 골드문트는 자유로운 감각의 세계를 떠돌며 인간의 연약함과 아름다움을 탐구했다. 그들의 관계는 세대 간의 갈등을 떠올리게 한다. 서로 다른 길을 걸어온 세대는 때로 서로를 이해하지 못하고 갈등을 빚지만, 나르치스와 골드문트가 그랬듯, 서로의 세계를 인정하고 대화를 시작할 때 우리는 비로소 새로운 가능성을 발견할 수 있다. 나르치스가 골드문트의 자유로움에서 진실을 배웠듯, 골드문트 역시 나르치스의 이성에서 평온을 찾는다. 서로를 통해 부족함을 채우고, 이해와 조화를 이루려 했던 이들의 이야기는 오늘날 우리에게 중요한 메시지를 전한다.

우리는 과연 서로의 삶을 얼마나 이해하려 노력하고 있을까? 세대 간의 차이가 벽이 아니라 서로를 비추는 거울이 될 수 있다면, 그 순간 우리는 함께 공존할 수 있는 길을 찾아낼 수 있을 것이다. 헤르만 헤세가 이 두 인물을 통해 보여준 깊은 통찰은, 서로를 이해하려는 노력만이 갈등을 넘어 화합으로 나아갈 수 있음을 가르쳐준다.

우리의 시간은 각기 다른 순간을 살고 있지만, 결국 같은 강물 속에서 흘러간다. 지금의 젊음은 미래의 노년이 되고, 현재의 노년은 과거의 젊음이었다. 이 책이 세대 간의 벽을 허물고, 서로를 향한 공감과 이해의 씨앗을 심는 작은 시작이 되기를 바란다. 나이 듦이 우리 모두의 삶을 더욱 풍요롭게 하는 과정으로 자리 잡기를, 그리고 함께 더 나은 공존의 문화를 만들어가기를 진심으로 희망한다.

티앤씨재단 **김희영** 드림

차례

VI 인류의 중심에 노인이 있었다

이상희

[老 see：near zone]

노시니어존

ㅣ

"
서로를
'외계인'으로 치부하는
세대 갈등
"

구정우
성균관대학교 사회학과 교수

세대 갈등은
왜 발생할까

70세가 되면 30일 이내에 죽어야 한다고?

최근 들어 세대 간 갈등과 불화가 우리 사회의 심각한 문제로 대두되고 있다. 혐오는 감정과 정서의 문제이므로 국가별 통계는 존재하지 않는다. 그렇지만 이를 명확히 보여주는 지표는 존재한다. 혐오(嫌惡)는 한자 그대로 '싫어할 혐', '미워할 오', 즉 누군가를 싫어하고 미워하는 감정이기에 학대로 이어지기 쉽다.

여기서 잠시, 노인 학대 현황 보고서를 살펴보자. 보건복지부에서 발표한 「2022 노인 학대 현황 보고서」에 따르면, 2013년 기준 노인 학대 신고 접수 건수가 1만 100건에 달했다. 2022년에는 1만 9,500건으로 집계되었다. 10년 만에 2배에 가까운 92.4퍼센트가 증가한 수치다. 그뿐만 아니라 이 수치는 최근 5년간 한 해도 예외 없이 매년 가파르게 상승하고 있다. 안타깝게도, 우리 한국 사회는 노인 차별 문제에서 15개 경제협력개발기구(Organizaton for

노인 학대 신고 접수 건수

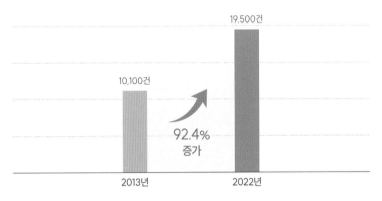

10,100건

19,500건

92.4%
증가

2013년　　　　　　2022년

출처: 보건복지부, 「2022 노인 학대 현황 보고서」

Economic Coperation and Development, OECD. 이하 OECD로 표기) 국가
를 통틀어 2위에 올라 있을 정도로 절박한 상황에 놓여 있다.

"꼰대들과는 말이 안 통해!"
"요즘 젊은것들은 말을 안 들어!"

　기성세대와 젊은 세대는 서로를 헐뜯고 비난한다. 세대 간 벽
이 만들어지는 것이다. 젊은이들은 노인들을 향해 불만을 늘어놓
는다.

　"허구한 날 지하철 무임승차라니! 해도 해도 너무하네! 반값이
라도 내야 하는 거 아냐?"

"우리가 노인이 되면 연금도 고갈되고, 지하철 무임승차는 꿈도 못 꿀 거야!"

노인들은 젊은이들을 향해 손가락질하며 맞받아친다.

"너희는 복지 혜택 안 받냐? 너흰 뭐, 영원히 안 늙을 것 같아?"

젊은 세대와 노인 세대는 서로를 거칠게 몰아세운다. 이처럼 요즘 세대 간 갈등과 대립 사례는 헤아릴 수 없이 많다. 직장에서는 성과급 지급 문제로 사회 초년생과 경영진의 갈등이 깊어진다. 정년 연장 문제를 놓고 현대자동차 노조와 젊은 사무직 직원들 사이에 첨예한 대립도 이어졌다. 젊은 근로자들이 극단적 투쟁 방향에 반발하며 노조를 탈퇴했을 뿐 아니라 '새로고침 노동자 협의회'라는 새 노조를 결성하기도 했다. 대선과 총선 당시에는 세대 간 힘대결도 펼쳐졌다. 또한 노년층의 지하철 무임승차에 대한 젊은이들의 반발도 만만치 않은 실정이다.

얼마 전, 2055년쯤이면 국민연금이 바닥날 것이라는 예측이 나왔다. 인터넷 공간에서는 젊은 세대들의 푸념과 원망이 이어졌고, 비난과 질책도 쏟아졌다. '특히 1990년생부터는 국민연금을 한 푼도 받지 못하게 될 것'이라는 암울한 현실을 언급하며 불만을 토로하는 젊은이도 있었다. 국민연금 고갈 문제는 시한폭탄이나 마찬가지다. 아직 본격적으로 시작되지는 않았으나 세대 간 첨예한 대립을 일으킬 수 있는 위험성을 안고 있기 때문이다. 『70세 사망법안, 가결(70歲 死亡法案、可決)』이라는 제목의 소설이 있다. 2012년에 출간된 책으로, 가키야 미우(垣谷美雨)가 쓴 작품이다. 제복만 읽어도 섬뜩한 느낌이 드는 소설이다. 참고로, 이 책은 '70세가 된 노인은 30일 이내에 반드시 죽어야 한다'라는 깜짝 놀랄 만한 '70세 사망법안'이 가결되는 상황을 다룬다. 저출산·고령화 사회의 부작용이 한계에 다다른 2020년을 배경으로 하고 있다.

이 책은 2018년에 국내에서도 번역 출판되며 큰 논쟁거리가 되었었다. 흥미롭게도, 넷플릭스 드라마 〈오징어 게임〉(2021)을 제작하여 전 세계적으로 인기를 끈 황동혁 감독의 차기작 제목이 〈노인 죽이기 클럽〉이라고 하니, 이것을 일종의 데자뷔 현상이라고 해야 할까? 이 작품 역시 노인을 대상으로 한 범죄 집단을 다루는 독특한 콘텐츠인데, 노인 혐오에 대한 논쟁을 불러일으킬 것으로 예상된다.

기성세대에 대한 젊은 세대의 불만과 반감이 커지다 보니 온라인상에서는 노인을 비하하거나 혐오하는 표현들이 넘쳐난다. '노인네, 틀딱, 틀딱충, 꼰대, 연금충, 할매미, 노슬아치, 늙은이' 등 입에 담기조차 어려운 비하 표현이 많다. 참고로 '틀딱충'은 '틀딱'이라는 비하 표현에 벌레를 의미하는 '충'을 붙여 새로 만든 말이고, '할매미'는 목소리가 큰 할머니를 여름 내내 귀가 따갑도록 울어대는 매미에 빗대어 붙인 별칭이다. 2021년, 한국노년학회가 한 연구 결과를 내놓았다. 본 연구를 위해 총 2만 747건의 온라인 기사

댓글을 분석했는데, 온라인상에서 가장 많이 사용된 비하 표현이 '노인네'(6,894건)였다고 한다. 그 다음 '틀딱', '꼰대', '늙은이', '할배', '개돼지' 순으로 나왔다.

86세대가 모든 주도권을 장악한 대한민국 사회

세대 간 불화와 갈등은 왜 일어날까? 다양한 원인이 있겠지만, 그중에서도 중요한 한 가지 원인을 꼽을 수 있다. 기성세대와 젊은 세대가 살아온 방식과 문화가 다르다는 점이다. 그로 인해 갈등이 생기고 분열이 조장된다. 두 세대의 생활방식과 문화는 어떻게 다를까?

권력과 자원의 우위를 점하는 86세대

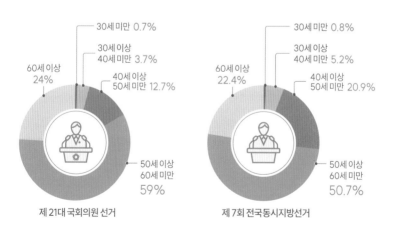

60세 이상 24%
30세 미만 0.7%
30세 이상 40세 미만 3.7%
40세 이상 50세 미만 12.7%
50세 이상 60세 미만 59%
제 21대 국회의원 선거

60세 이상 22.4%
30세 미만 0.8%
30세 이상 40세 미만 5.2%
40세 이상 50세 미만 20.9%
50세 이상 60세 미만 50.7%
제 7회 전국동시지방선거

기성세대는 집단주의적이고 위계질서가 엄격한 사회 분위기 속에서 자랐다. 상대방의 나이가 한 살만 많아도 형, 오빠, 누나, 언니라고 부르며 등급을 나누고 위계를 세웠다. 집단의 위계질서 안에 개인을 배치하여 하나의 구성원으로 여겼다. 개인의 개성과 독창성은 인정되지 않았다. 지금은 다르다. 젊은 세대는 각자의 개성과 취향, 자유로움을 중시하는 분위기에서 성장했다. 이들은 고유성과 독창성이 강한 세대다.

　또 다른 이유로는 한 세대 쪽으로 쏠려 있는 경제적 자원이나 정치적 권력 등이 있다. 최근 들어 우리 사회에서는 86세대에 관한 논의가 분분하다. 86세대, 즉 1960년대에 태어나 1980년대에 대학을 다닌 세대가 오늘날 정치권의 주류를 이룬다.

　또 86세대는 기업에서 상층 임원의 자리를 차지해 경영을 이끌고 있다. 그에 반해, 젊은 세대는 어느 집단의 주류를 형성하거나 주도권을 잡기는커녕 취업조차 쉽지 않은 상황이다.

노시니어존을 '차 · 노 · 공' 차별받는 노인이 없는 공간으로

노인 출입 반대, 반려견 환영

어느 온라인 커뮤니티 카페에 한 장의 사진이 올라왔다. 2023년 5월 8일, 어버이날의 일이다. 사진 하단에는 이런 문구가 적혀 있었다. "노시니어존, 60세 이상 어르신 출입 제한". 어이없는 일이 아닐 수 없다. 더욱 놀라운 것은 그 문구 옆에 적힌 문장이었다.

"반려견을 환영합니다!"

반려견 출입은 가능한데, 노인 출입은 불가능하다? 경악스러운 일이 아닐 수 없다. 야유와 질타가 쏟아졌다. "나이 든 사람이 개만도 못한 취급을 받는 시대가 되었구나!" 등의 한탄도 이어졌다. 이유 있는 비판이다. '노시니어존'이라는 명목 아래 나이 든 사람의 카페 출입을 제한하는 일은 명백한 차별 행위이며, 어떤 논리로도 정당화될 수 없다'라는 주장이 나올 만하다.

마음을 다스리고, 실상을 파악할 필요가 있다. 여기에는 복잡한 사정이 있다. 카페를 방문한 노인 중 일부가 "마담이 예뻐서 커피도 맛있네!"와 같은 성희롱성 발언을 일삼자 참다 못한 사장이 '노시니어존'으로 강경하게 대응한 것이었다. 요즘 같은 세상에 '마담 얼굴이 예쁘다'느니, '마담 얼굴이 예뻐서 커피도 맛있다'라는 식의 망발을 일삼다니, 부끄러운 일이 아닐 수 없다. 나이 든 사람들이 카페에서 분별없는 행동을 한 게 사실이라면, 그들의 신중하지 못한 말과 경망스러운 행동이 사건의 발단이었다고 볼 수 있다. 모든 노인이 그런 건 아닐 것이다. 겉으로 보면 이 사건은 노인에 대한 차별 행위의 성격도 있겠지만, 나이 든 사람들의 경망스러운 말과 행동의 문제점도 지적하지 않을 수 없다.

영국의 시사 주간지《이코노미스트(The Economist)》가 한국의 체면을 따지고 위계질서를 세우는 문화에 관한 기획 기사를 실은 적이 있다. 기사는 요즘 한국에서 유행하는 용어 '꼰대'를 "자기만 항상 옳고, 다른 사람은 옳지 않다고 생각하는 나이 든 사람"으로 정의한다. 아울러 권위주의에 사로잡힌 사람들의 파렴치한 행태와 문제점을 지적한다.

젊은 세대와 기성세대는 대한민국 사회를 어떤 눈으로 볼까? 젊은 세대는 우리 사회가 급격히 변화하고 있다고 생각한다. 기성세대는 다르다. 그들은 변화를 좀처럼 받아들이지 않는다. 정치권력과 경제적 자원을 자기 세대가 독점하다시피 하는 것이 당연하다고 믿는다. 젊은 세대의 반발심과 저항감이 생길 수밖에 없다.

'노인 차별', '나이 든 세대에 대한 혐오'를 어떻게 보아야 할까? 권력과 자원을 가진 일부 기성세대에 대한 젊은 세대의 분노와 불쾌감이 노인 전체라는 사회적 약자에게 향하게 된 것으로 해석할 수 있지 않을까.

불안한 젊은 세대, 억울한 기성세대

젊은 세대가 기성세대에게 느끼는 환멸과 배신감의 정체

제2차 세계대전 이후의 현대사를 보자. 기성세대에 비해 젊은 세대는 언제나 경제적, 문화적으로 풍요로운 삶을 살았다. 현실에 뿌리를 두고 살면서 더 나은 미래를 꿈꿀 수 있었다. 우리나라도 마찬가지였다. 1950년대의 한국전쟁과 이후의 산업화 과정을 겪으면서 젊은 세대는 기성세대보다 미래를 긍정적으로 보았다. 희망과 의욕으로 넘쳤다.

지금 50~60대의 주축을 이루는 86세대를 예로 들어보자. 정치에 입문한 이들은 30대 중후반 혹은 40대 초반에 금배지를 달았다. 운 좋게도, 20년 전쯤 그들이 정계에 데뷔할 때 20~30대가 지지 세력이 되어준 덕분이다. 제2차 베이비붐 영향으로 당시 20~30대 연령층의 인구가 50~60대 연령층의 2배가 넘었기에 가능한 일이었다.

국회의원 연령 분포도

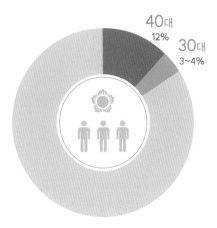

40대
12%

30대
3~4%

출처: 중앙선거관리위원회(2020년)

우리나라 연령별 인구 분포도

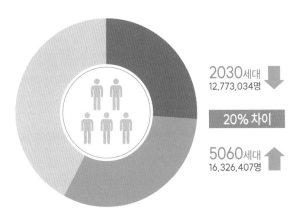

2030세대
12,773,034명

20% 차이

5060세대
16,326,407명

출처: 행정안전부(2023년)

현재 30대 중후반이나 40대 초반 국회의원은 찾아보기 어렵다. 통계 결과에 따르면 40대 국회의원 비율은 12퍼센트, 30대는 3~4퍼센트 정도다. 상당히 적은 수치가 아닐 수 없다. 숫자만 적은 게 아니다. 실질적 권한도 많지 않다. 왜일까? 이들에게 힘을 실어주고 지지해줄 20~30대 인구가 많지 않기 때문이다. 50~60대보다 20퍼센트 정도나 적다.

20~30대는 정치권에서 활동하는 사람의 수도 적을 뿐 아니라 투표권을 행사하려는 의지도 약한 편이다. 기성세대의 주축인 50~60대는 20~30대보다 많은 인구 수를 앞세워 젊은 세대를 투표로 제압할 수 있다. 이 관점으로 보면, 젊은 세대는 기성세대보다 인구가 적은 탓에 사회적 약자의 처지에 놓이기 쉽다.

오늘날의 젊은 세대는 부모보다 가난한 첫 번째 세대다. 이들이 세대 간 공정을 부르짖는다. 젊은 세대가 느끼는 불공정함과 세대 갈등의 근본 원인은 무엇일까? 그들 앞에 놓인 구조적인 문제, 미래에 대한 불안 등을 꼽을 수 있다. 단순한 세대 간 격차를 넘어 갈등으로 치달은 배경이다. 기성세대에 대한 반감이 커지고 사회 시스템에 대한 불신이 높아진 탓이다. 이것이 젊은 세대가 기성세대에게 느끼는 환멸과 배신감의 실체다.

부모 세대 부양 문제로 머릿속이 복잡해지는 젊은 세대

젊은 세대는 무엇을 원하는가? 그리고 그들의 요구는 정당한가? 그들이 원하는 것은 거창하지도 복잡하지도 않다. 아니, 의외로 단순하고 소박하다. 기성세대가 젊은 시절 원하던 것과 별반 다르지 않다. 그들은 괜찮은 수준의 급여와 적성에 맞는 일자리, 마음 맞는 사람들과 즐겁게 일할 수 있는 직장을 원한다. 사장이나 상사, 동료에게 인정받으며 오래 다닐 수 있는 일터를 원한다.

경제 성장이 멈춘 사회에서 젊은 세대는 자기 뜻을 펼치지 못하고 좌절한다. 그들은 자신들의 목소리에 귀 기울이고 입장을 대변할 젊은 정치인의 등장을 바란다. 20년 전쯤, 당시의 20~30대가 40대 젊은 정치인을 응원하고 열렬히 지지한 것과 비슷하다.

MZ세대가 보는 '괜찮은 일자리'의 기준

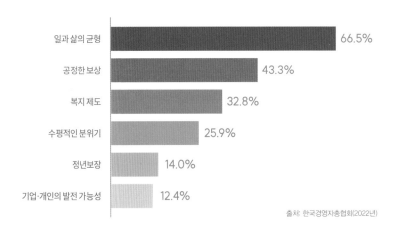

출처: 한국경영자총협회(2022년)

젊은 세대의 얼굴에서는 불안함이 엿보인다. 그들은 미래가 불확실하지 않기를, 예측 가능하기를 바란다. 노후에도 건강하고 행복하기를 원한다. 이는 인간의 본성이다. 젊은 세대는 부모 세대를 부양하는 문제에 맞닥뜨리면 머릿속이 복잡해진다. 부양을 받아야 할 기성세대의 숫자가 부양해야 할 젊은 세대에 비해 훨씬 많기 때문이다. 마음이 불안해지지 않을 도리가 없다. 응답자의 70퍼센트가 넘는 젊은 세대가 "노인 복지 확대로 청년층의 부담 증가가 우려된다"라고 한 국가인권위원회(인권위)의 조사 결과가 나온 것도 이런 배경에서다.

65세의 실질적인 나이가 45~46세인 이유

기성세대는 무엇을 원할까? 노년층도 일자리를 원한다. 정년제가 본격 시행되면서 60세까지 일하는 사람이 많아지기는 했다. 하지만 통계에 따르면, 대부분 55세를 전후해서 퇴직하는 실정이다. 55~60세, 국민연금이 나오기 시작하는 65세 이후의 연령층도 자신의 풍부한 경험과 전문성을 살려서 일하고 싶어 한다. 그들은 자신이 늙었다고 생각하지 않는다. 여전히 젊을 뿐 아니라 업무 능력을 발휘할 수 있는 나이라고 믿는다.

학자들에 따르면 자기 나이의 70퍼센트, 즉 나이에 0.7을 곱했을 때 생물학적, 정신적, 사회적 나이가 산출된다고 한다. 65세에

0.7을 곱하면 45.5세가 나온다. 45~46세면 한창 일할 나이다. 그들이 스스로 아직 팔팔하며 업무 능력 면에서도 젊은 세대 못지않다고 여기는 것도 당연하다.

기성세대는 자녀에게 기대며 살기를 원하지 않는다. 누구에게도 의존하거나 얽매이지 않고 독립적인 노후를 보내고 싶어 한다. 실제로 최근 자립을 이루고자 노력하는 기성세대가 꾸준히 늘고 있으며, 인생 2막과 직장 2막을 여는 긍정적이고 활동적인 노년층이 급증하고 있다.

최근 키오스크나 태블릿을 이용한 주문 방식이 대세를 이룬다. 기성세대에게는 디지털 혁신, AI 혁명 같은 용어가 생소하다. 그들은 디지털을 받아들이고 활용하는 데 어려움을 겪는다. 노년층 중에 QR 코드 페이지를 열고 태블릿 메뉴를 입력하는 방식에 서툰 사람이 많은 것은 당연하다.

디지털 리터러시(Digital literacy)란 디지털 기기를 사용하여 작업을 실행하고 원하는 정보를 얻는 데 필요한 지식과 능력을 말한다. 과학 기술이 발달한 현대 사회에서 디지털 리터러시는 필수 요소로 자리 잡아간다. 기성세대는 부족한 디지털 리터러시를 키울 수 있도록 정부와 사회, 그리고 젊은 세대가 도움을 주면 좋겠다는 바람을 갖고 있다.

고령화 추세에 대해 불안해하는 것은 젊은 세대만이 아니다. 당사자인 기성세대도 불안하기는 마찬가지다. 부모 봉양과 자녀 양육에 뼈 빠지게 고생했는데, 노년에 자식이 나 몰라라 하면 노후에 대한 두려움이 생길 수밖에 없다.

기성세대에게는 두 마음이 공존한다. 하나는 1인당 GDP 3만 달러에, 세계 10위권 경제 대국, 5000만 명의 인구를 자랑하는 민주주의 시스템 국가를 피땀 흘려 이룩했다는 자부심이다. 다른 하나는 자신들의 피땀 어린 노력을 젊은 세대가, 대한민국 사회가 알아주지 않는다는 억울함과 분함이다.

오늘날 기업의 경영자나 임원 등 리더 그룹에 속하는 이들은 대부분 50대다. 비즈니스맨들을 대상으로 하는 강의를 해보면 그들은 진지하게 듣는 편이다. 질문도 많이 한다. 밀레니얼 세대, Z세대층과도 원활히 소통하기를 원하고, 공감하며 협력하기를 바란다. 이는 대한민국의 미래를 위해 다행스러운 일일뿐 아니라 세대 공감 측면에서도 긍정적인 신호라는 생각이 든다.

젊은 세대가 '혐오의 부메랑'에 당하지 않으려면

오늘날 젊은 세대가 원하는 것은 기성세대가 젊은 시절 원하던 것과 별반 다르지 않다. 이 맥락에서 본다면, 기성세대의 책무는 젊은 세대가 원하는 것을 이룰 수 있도록 돕는 데 있지 않을까. 부모가 자식의 성공과 행복을 간절히 바라며 돕듯, 기성세대 역시 젊은 세대가 성공과 행복을 이룰 수 있도록 도와야 한다. 젊은 세대가 가진 불안감을 해소하기 위해 노력해야 한다.

고령화로 인해 늘어나는 복지 부담 문제는 어떻게 해결해야 할까? 연금 개혁을 서두르고 더불어 복지 부담도 줄여야 한다. 정년 연장만 외칠 게 아니라 청년을 위한 좋은 일자리를 함께 만들어야 한다. 그 연장선에서, 정치권은 비례대표 국회의원 당선권에 청년 정치인을 배치하여 유능한 젊은이들이 국회에 진출할 수 있도록 문을 열어주어야 한다. 정말 중요한 점은 이런 일들을 기성세대에게만 맡기지 말고 젊은 세대도 함께 분투해야 한다는 것이다. 젊은 세대 역시 기성세대의 말에 귀 기울이고 공감하려고 노력해야 한다.

통계에 따르면, 대한민국 노인 빈곤율은 42.3퍼센트다. 소득에 자산까지 포함해 최대치로 잡아도 26.7퍼센트에 달한다고 한

OECD 주요 선진국 노인 빈곤율

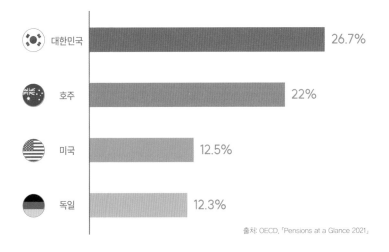

출차: OECD, 「Pensions at a Glance 2021」

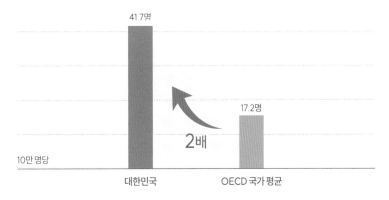

2020년 기준 국내 노인 자실률

41.7명

2배

17.2명

10만 명당

대한민국   OECD 국가 평균

출처: 보건복지부, 「2022 자살예방백서」

다. OECD 주요 선진국 중 호주 22퍼센트, 미국 12.5퍼센트, 독일 12.3퍼센트와 비교해 상당히 높은 수치다.

노인 자살률은 어떨까? 2020년 기준으로, 대한민국 노인인구 10만 명당 41.7명이다. OECD 국가 평균 17.2명의 2배가 훨씬 넘는 수치다. 노인 자살의 주요 원인은 노인 혐오와 차별, 학대, 그에 따른 우울증 증가가 차지한다.

기성세대는 젊은 세대가 어려운 처지에 있는 걸 잘 안다. 자녀로부터 경제 지원을 기대하지 않는 부모가 많아지는 것도 그런 이유에서다. '효도의 종말'이라는 표현이 최근 유행하는데, 이 말이 암시하듯 부모가 자식에게 효도를 기대하는 마음도 사라지는 것으로 보인다. 스스로 노후를 대비하려는 경향이 강해지고 있다고 해야 할까. 이렇게 보면, 기성세대와 젊은 세대 모두 나름대로 노력하고 있는 게 아닌가 싶다.

젊은 세대는 전략적인 사고로 접근할 필요가 있다. 기성세대와의 불화와 갈등은 자신에게 이롭지 않다는 걸 알아야 한다. 자기세대를 대변할 유능한 정치인을 국회로 보내고, 자신들의 목소리가 정책에 반영되도록 하기 위해서는 상대적으로 인구가 많은 기성세대의 협조가 절실하다. 자신들의 의지를 관철하기 위해서라도 노년층을 포함한 기성세대와 전략적으로 연대해야 한다. 이를 위해서는 발상의 전환이 필요하다. 혐오가 방치되면 그 혐오가 부메랑이 되어 자신에게 돌아올 수 있다는 점도 명심해야 한다.

역멘토링 시대의
세대 간 소통

노인들은 왜 지하철 1호선과 탑골공원으로 몰려들까

젊은 세대와 기성세대는 생각의 차이가 크다. 세대 간 소통이
잘 이루어지지 않는 것은 그래서다. 어떻게 이 문제를 풀어야 할
까? 상대방의 입장에서 생각하고 그의 말에 공감하기란 의외로 어
렵다. 누구나 자신의 관점으로 상황을 파악하고 문제를 해결하려
하기 때문이다. 심리학적으로 공감이란 남이 벗어 놓은 신발을 신
고 불편하게 느끼지 않는 것처럼 타인의 감정, 의견에 대해 자기도
그렇다고 느끼는 것이다. 하지만 그것이 현실에서 생각처럼 쉬울
리가 없다.

젊은 세대가 기성세대와 교류하고 소통할 기회는 많지 않다. 집
에서 부모와 이야기 나누거나 직장에서 사장이나 임원, 상사나 선
배들과 대화하는 걸 제외하면 세대 간 소통과 교류의 기회는 거의
없다고 해도 지나치지 않다. 세대 간 관심과 이해가 부족하면 점점

더 무신경해지고 갈등과 불화의 원인이 된다.

젊은 세대가 기성세대, 특히 노년층을 만나고 이야기 나눌 기회는 드물다. 그나마 자주 마주치는 공간이 지하철 안이다. 두 세대가 조우하는 흔치 않은 기회에 천태만상이 벌어진다. 임산부 용 자리에 앉아 양보하지 않고 버티는 노인, 아무렇지 않게 다른 사람의 몸을 건드리며 지나가는 노인, 이유 없이 버럭 화를 내는 노인……. 특히 지하철 1호선에서 이런 일이 자주 벌어진다고 한다.

다른 관점으로 보면, 지하철 안에서 만나는 노인들은 대부분 사회의 약자다. 형편이 어려운 사람들이라 여름에는 에어컨이 잘 나오고 겨울에는 난방이 잘 되는 지하철을 찾는다. 지하철 1호선에 이런 노인이 많은 이유도 같은 맥락으로 볼 수 있다. 지하철 1호선에 왜 유독 많은 노인이 몰릴까? 노선이 가장 길기 때문이다. 그래서 1호선은 노인들에게 가성비가 제일 높은 노선으로 꼽힌다.

지하철 1호선을 이용하는 노년층은 한국 사회에서 사회적 약자그룹에 속한다. 종로의 탑골공원 등을 배회하는 노년층도 대부분같은 부류다. 지하철 1호선과 탑골공원은 이 노년층의 생리 문제를 해결해주며 고립감을 줄여준다. 하지만 이들을 바라보는 사회의 시선은 곱지 않다. 그로 인해 이들은 자주 위축되고 의기소침해진다.

젊은 세대는 지하철 1호선이나 탑골공원을 피한다. 노년층과 마주치고 싶지 않아서다. 그들은 온라인상에 자기들만의 공간을 만들어놓고 소통하며 생활한다. 여기서는 지하철이나 탑골공원처럼 노년층과 마주칠 염려가 없다. 그들은 대부분 인터넷이나 디지털에 친숙하지 않기 때문이다. 이런 상황이 지속되던 노년층은 '요즘 젊은것들'에 대한 편견과 오해에 쉽게 사로잡힌다. 꼬박꼬박 말대꾸하고, 버릇없고, 참을성 부족한 것들이라는 감정에 휩싸여 싸잡아 욕하고 비난한다. 이런 식으로 편견과 오해를 만들고 강화하며 살아간다.

젊은 세대도 마찬가지다. 그들은 노년층을 '경제활동 능력 없이 기생하는 존재'라는 이미지로 보는 경향이 있다. 노인에 대한 존중감과 존경심이 생길 리 없다. 한발 더 나아가 노인 혐오로 발전하기도 한다.

이에 노년층 중에는 자기 세대에 대한 다른 세대의 혐오 감정을 체념하듯 받아들이거나 동조하는 사람마저 생긴다. 그들은 자신을 '하찮은 존재'로 깎아내리기도 한다. 사람 만나는 걸 피하려 하고 공공장소에 가길 꺼린다. 이 상황에 거의 유일하게 찾는 공간이 지하철 1호선과 탑골공원인 셈이다.

역멘토링 시대가 왔다

서로 만나 이야기를 나누고 소통하다 보면, 그 과정을 통해 상대방을 알게 된다. 자연스럽게 이해하게 되고 공감의 폭이 넓어진다. 탑골공원 부근 카페를 찾는 손님 대부분은 노년층이다. 그에 반해 직원 대다수는 20~30대 젊은이다. 음료 등을 주문할 때 QR 코드를 찾아달라, 메뉴를 설명해달라는 식의 요청이 많을 수밖에 없다. 노인들은 동작이 느리니까 계산하는 데도 시간이 오래 걸린다. 젊은 직원들은 어떻게 대응할까? 인내심을 가지고 고객 한 사람 한 사람을 친절하게 대한다. 이 점이 인상적이다.

반대로 손님은 젊은이들인데, 직원은 대부분 노인인 특이한 경우도 있다. 서울 금천구에 있는 한 카페가 그 사례다. 이곳에서는 60대의 바리스타가 맛있는 커피를 만들어 제공한다. 계산대에도 나이가 지긋해 보이는 사람이 서 있다. 소박한 커피 한잔을 매개로 젊은 세대와 기성세대가 소통하며 교감을 나누는 모습이 정감 있다. 나이 든 직원은 젊은 고객에게 생동감을 전해 받고, 젊은 고객은 나이 든 직원의 따뜻함을 느끼는 계기가 된다.

개인이 겪은 안 좋은 경험은 오해와 편견을 낳는다. 반대로 좋은 경험은 존중과 존경의 감정을 키운다. 의지를 모으고 힘을 합해 서로 도우며 뭔가 해내는 경험을 하면 서로를 인정하게 되고 편견이 줄어든다. 앞의 사례를 통해 우리는 젊은 세대와 기성세대가 직원과 고객이라는 역할을 나눠 맡는 과정에서 공감의 폭이 넓어진 것을 발견했다.

세대 간 부정적인 인식을 어떻게 개선할 수 있을까? 공감대를 어떻게 키울 수 있을까? 자기만 옳다는 생각을 버리고 상대에게 배우려는 마음 자세를 가져야 한다. 세대 간 대화를 통해 무엇을 배울 수 있을지 고민해야 한다. 변화하는 사회에 맞춰 자신도 변하려고 노력해야 한다. 이는 특히 노년층에게 주어진 과제다.

변화하는 현신에 적응하면서 '평생 현역'을 꿈꾸며 정열적이고 활동적으로 사는 노인이 되어야 한다. '남은 생 동안 내가 좋아하는 일을 하며 살겠다'는 마음가짐이 있어야 한다. 젊은 세대가 좋아하는 신곡도 듣고, 최신 유행하는 넷플릭스 드라마도 즐겨 보아야 한다. 콘서트나 전시회를 찾아다니며 문화생활을 즐긴다면 더욱 좋다.

아울러 자기 취향을 아는 것이 중요하다. 젊은 세대는 취향에 민감하다. 필자가 오늘날의 20대를 '미립자 정체성 세대'라고 명명한 것도 같은 맥락에서다. 이 용어는 이 세대가 취향이 고급스럽고 세밀하며, 이를 잘 가다듬는다는 의미를 담고 있다.

이런 젊은 세대와 소통하려면 기성세대도 자기 취향을 가져야 한다. 한발 더 나아가 그 취향을 보석 세공사가 원석을 세공해 보석으로 만들 듯 쉼 없이 깎고 다듬어야 한다. 그 과정에서 젊은 세대와 만나 소통하고 교류하며 공감의 폭을 넓힐 기회가 많아진다. 직장에서 상사는 부하 직원 위에 군림하려고 해서는 안 된다. 그들의 말에 귀 기울이고 집중해서 들어야 한다. 젊은 세대에게 배우고자 하는 자세가 필요하다.

최근 '역멘토링(reverse mentoring)'이 기업에서 유행한다. 이는 멘토와 멘티의 위치가 바뀌는 걸 의미한다. 리더가 가르치는 시대가 가고, 리더가 구성원에게 배우는 시대가 왔다. 역멘토링을 통해 젊은 직원의 디지털 능력과 문화 취향을 흡수해야 한다.

젊은 세대는 기성세대를 경험이 풍부한 인생 선배이자 '선배 시민'으로 바라보아야 한다. 그들은 '한강의 기적'을 이뤘으며 '민주주의'를 꽃피워낸 세대다. 또한 사회 진출이 늦어지는 젊은이를 물심양면으로 지원한다. 멀리서 찾을 것도 없다. 젊은 세대의 부모가 그들이기 때문이다. 기성세대는 하나의 '긴 세대'로, 부모 봉양과 자녀 교육으로 고생을 많이 한 세대다. 기성세대와 노년층에 대한 편견을 버리고 그들이 긍정적으로 변화할 수 있도록 돕는 것이 젊은 세대의 도리가 아닐까.

세대 갈등에서
세대 공존으로

노인을 사회적 약자가 아니라 연륜을 지닌 선배 시민으로 바라보는 입장을 형성하는 데는 정부의 역할이 매우 중요하다. 이와 관련된 해외 사례로 캐나다가 있다. 캐나다는 1986년부터 이른바 고령 친화적인 지역 사회를 표방했다. 한 예로 브리티시 컬럼비아주의 경우 고령 친화 도시를 만들어서 커뮤니티를 구성했다. 이는 고령자를 약자로 보는 시각이 아니라 적극적으로 활동하는 주체로 보는, 적극적이고 긍정적인 이미지를 심으려는 시도이다.

더불어 더럼 지역의 캠페인은 노인과 노화에 대한 주민들의 오해를 풀고 편견을 깨트리는 데 기여했다는 평가를 받으며 긍정적인 효과를 거두었다. 이 캠페인은 젊은 세대와 기성세대의 세대 간 화합을 이루었으며, 사회 안전망을 강화한 성공적인 사례로 꼽힌다. 세계보건기구(World Health Organization, WHO. 이하 WHO로 표기)는 공식 홈페이지에서 위의 사례를 소개하며 다음과 같이 평가했다.

"더럼의 사례는 참가자들에게 긍정적인 영향을 주는 좋은 경험을 제공했을 뿐 아니라 코로나19 팬데믹이라는 전 세계적인 감염병 대유행으로 인해 약화한 사회적 유대감을 되찾는 데 크게 이바지했다."

이 사례는 우리에게도 시사점을 던져준다. 정부와 지방자치단체, 민간이 함께 머리를 맞대고 젊은 세대와 기성세대가 만나 접점을 넓히며 공감대를 형성하는 데 필요한 제도를 마련해야 한다. 그 연장선에서 지방자치단체와 대학이 세대 간 소통과 교류를 촉진하는 다양한 프로그램을 개발해야 한다. 초중고생의 인식을 개선해 노년층에게 친근하게 다가갈 수 있도록 돕는 교육 프로그램도 절실하다.

최근 많은 이들이 영화 〈서울의 봄〉(2023)을 관람했다. 이 영화는 개봉하자마자 선풍적인 인기를 끌며 큰 화제를 불러일으켰다. 전 연령층의 지지를 고루 받으며 대단한 인기를 누린 〈서울의 봄〉은 마침내 천만 영화의 반열에 올랐다. 특히 20~30대의 N차 관람이 이어진 결과였다. 영화 관람 후 젊은 세대는 당시의 사건 기록을 찾아보며 현대사를 공부하는 재미에 푹 빠졌다. 당시의 처참한 상황에 분노하거나 희생자들에게 연민을 느끼며 눈물을 흘리기도 했다.

1980년대를 생생하게 기억하는 기성세대는 이런 젊은 세대가 반갑고 고마울 수밖에 없다. 그 시대를 살았던 기성세대의 마음은 좀 더 복잡하다. 그러면서도 서슬 퍼런 독재 치하에서 눈부신 경제 성장의 기적을 일구었기에 자부심과 긍지를 가지고 있다.

그 시절이 지금보다 살기 좋았다고 말하는 사람이 적지 않다. 당시는 모든 면에서 지금과 사뭇 달랐다. 출산율이 높았으며 경제가 급성장하던 시대였다. 대한민국이 경제 성장을 할 만한 조건을 두루 갖춘 시기였다. 지금은 사정이 다르다. 전 세계적인 경제 위기가 이어지고 있으며, 더는 성장할 수 있는 여지가 남아 있지 않다는 말이 나올 정도로 경제는 팽창해 있다.

그렇다고 기성세대가 젊었던 시대는 현실이 장밋빛이기만 했을까? 당연히 아니다. 오히려 많은 젊은이를 군홧발로 짓밟던 시대였다. 언론 탄압이 심해지고, 학생들이 길에서 불심검문 당하거나 곤봉으로 두들겨 맞는 일이 다반사였다. 지금 젊은 세대는 상상하기조차 어려운 탄압 속에서 그들은 전쟁으로 폐허가 된 대한민국을 세계 경제 10위권에 올려놓았다. 오늘날 모든 시민이 누리는 자유와 행복을 일궈냈다.

영화 〈서울의 봄〉을 통해 젊은 세대가 기성세대를 좀 더 이해하고 공감할 수 있게 된 점이 소중하고 의미 있다는 생각이 든다. 기성세대와 젊은 세대가 서로 공통점을 발견하고 공감하는 일은 세대 갈등을 세대 공존으로 바꾸는 중요한 출발점이다.

한때 우리는 모두 아이였다. 세월이 지나면 젊은 사람도 노인이 된다. 모든 사람이 현재의 노인이거나 미래의 노인이다. 처지를 바꿔 생각하면서, 서로 좀 더 깊이 이해하고 따뜻하게 품기를 바란

다. 그럼으로써 우리는 세대 간 갈등을 극복하고 세대 공감을 통해
세대 공존을 이룰 수 있다.

[老 see : near zone]

노시니어존

II

"

죽음을
부추기는 사회:
영화, 노년을 말하다

"

김혜리

《씨네21》 편집위원

국가가 노인의 자살을
강요하고 돕는 사회

75세가 되면 죽어야 하는 나라, 〈플랜 75〉 이야기

SF든 드라마든 장르와 무관하게 영화는 현실의 표면을 끌어들여 만들어진다. 2000년 이후 세계 영화가 큰 관심을 기울이는 소재는 아포칼립스와 포스트 아포칼립스, 망명과 난민, 오랫동안 가려져 있던 소수자들의 역사와 세계관이다. 여기에 더해, 평균수명 연장으로 길어진 인간 삶과 균형을 이루지 못하는 신체와 정신 건강 문제도 여러 장르 영화의 관심을 끌고 있다.

고령화 추세로 인한 저출산 문제가 주요 의제로 다뤄지는 가운데 충격적인 영화가 등장했다. 2022년 칸 영화제에서 '주목할 만한 시선' 부문 상을 받은 일본 영화 〈플랜 75(Plan 75)〉다. 신인 감독 하야카와 치에(早川千絵)가 만든 이 영화는 총기 난사 후 자살하는 남자의 모습을 보여주는 것으로 시작한다. 그는 "노인들도 국가에 폐가 되긴 싫을 것이다. 나라를 위해 죽음도 불사하는 나라

영화 <플랜 75>
제공: 찬란

가 일본이다"라는 말을 남긴다.

충격적인 내용은 그다음이다. 엽기적인 사건으로 인해 고령화 인구 증가에 대한 젊은 세대의 부담이 시급히 해결해야 할 국가적 이슈로 떠오르고, '플랜 75'라는 전대미문의 법안 등장으로 이어진다. 이 법안은 국가가 75세 이상 노인들의 자살을 도와주는 끔찍한 결과를 불러온다. 영화는 '플랜 75' 신청자 중 한 명인 78세 여성과 그가 만나는 사람들을 따라간다.

2016년, 일본 가나가와현의 어느 장애인 복지시설에서 한 남성이 19명을 살해하고 26명을 다치게 한 사건이 발생했다. 그는 사건을 저지른 뒤 "사회에 도움 되지 않는 장애인은 안락사하거나 살처분해야 한다"라는 말을 남긴다. 영화 〈플랜 75〉는 이 끔찍한 사건을 모티브로 제작되었다.

인간의 가치를 경제적 효용성 관점으로만 본다면 노인과 장애인은 똑같이 쓸모없는 존재일 수밖에 없다. 노인과 장애인은 예외적으로 운이 나쁜 사람들이 아니다. 우리 안에 잠재해 있는, 혹은 모든 사람이 90퍼센트 이상의 확률로 처하게 되는 상태다. 놀랍게도 사람들은 이 자명한 사실을 쉽게 잊어버린다.

영화 속 '플랜 75' 사업에서 주목할 것은 강제 집행이 아니라 '천천히 몰아간다'는 점이다. 호텔에서 종업원으로 일하던 주인공 가쿠타니 미치(바이쇼 치에코 분)는 어느 날 갑자기 해고당하는 신세가 된다. 같은 연배의 노동자가 일터에서 쓰러지자 "일하는 노인들이 불쌍하다"라는 투서가 들어왔다는 허울 좋은 구실 때문이다.

미치는 재취업 실패로 생활고에 허덕이고 자존감을 상실한다. 결국 그는 '플랜 75'를 신청하지 않을 수 없게 된다. 이 과정의 모든 대화가 일본인 특유의 부드럽고 예의 바른 말투에 실려 오고 간다. 영화 후반에는 "정부는 '플랜 75'가 순조롭게 진행되고 있으므로 '플랜 65' 도입도 검토하고 있습니다"라는 발표가 방송 뉴스로 보도된다. 공포 영화의 암시적 맺음 자막처럼 '강요된 자살 시작점이 65세에서 60세로 낮아진다면 어떻게 될까? 나는 그때까지 몇 해가 남았을까?'라는 생각을 불러일으킨다.

〈플랜 75〉는 다양한 각도에서 노년 문제를 다룬다. 영화는 노동 시장에서 밀려나고 복지 사각지대에 놓인 채 맞이하는 빈곤 문제를 짚는다. 그와 함께 평생 당연하게 누려온 인간의 품위를 지킬 수 없게 된 상황과 사회적 고립감도 보여준다. 주인공 미치는 직장에서 해고되는 날 수십 년간 사용한 로커를 닫고, 마무리로 문을 닦으며 "그동안 감사했습니다"라고 일터를 향해 인사한다. 이 장

영화 <플랜 75> 중

제공: 찬란

면으로 관객은 그가 얼마나 깔끔한 성격이며 남에게 폐를 끼치기 싫어하는 시민으로 살아왔는지 알 수 있다. 미치처럼 살아온 노인에게 '플랜 75'와 같은 제도의 존재 자체가 엄청난 압박으로 다가오리라는 상상도 해볼 수 있다.

　미치는 '플랜 75'에 가입한 뒤에야 담당 상담 직원을 통해 젊은 세대와 진지한 대화를 나눌 기회를 얻는다. 그제야 미치는 사회에 부담을 주는 존재로 취급당하는 핏기 없는 '인구'에서 '개인'으로 돌아와 자신의 경험담을 상담 직원에게 들려주며 삶의 서사를 회복한다. 그 모습을 보며 우리는 가쿠타니 미치가 진정한 의미에서 죽음을 선택한 적이 없다는 사실을 확인한다.

복지 국가도 해결하지 못하는 노년 빈곤 문제

영화감독은 다른 분야 예술가와 비교해 장수하는 것으로 알려져 있다. 프랑스 누벨바그의 아네스 바르다(Agnès Varda)가 대표적이다. 자크 리베트(Jacques Rivette)와 알랭 레네(Alain Resnais) 등의 감독도 여든을 훌쩍 넘어서는 장수를 누렸다. 영화가 혼자 하는 예술이 아니라 다른 사람과 어우러져 창작하는 예술이기에 고립이 덜하고 행복 지수가 높아서가 아닐까. 이런 맥락에서 노년층 감독이 노년이라는 소재에 많은 관심을 보이는 것은 어쩌면 당연하다.

관리해야 할 '숫자'가 아닌 서사를 가진 '인간'으로

켄 로치(Ken Loach) 감독은 사회적 사실주의의 대표 주자다. 그는 1967년 데뷔한 이래 마지막 작품을 발표한 2023년까지, 60년 가까이 노동자들의 변화하는 현실에서 눈을 뗀 적이 없다. 로치 감

15분 간의 기립박수
"당신의 가슴과 영혼을 울리는 걸작"
Daniel Sutherland, 2016 칸영화제 뉴시티상

PALME D'OR

다른 세상을 향한 따뜻한 희망

나, 다니엘 블레이크

켄 로치 감독·폴 래버티 각본

12월 8일, 켄 로치 최고의 걸작을 만난다!

영화 <나, 다니엘 블레이크>
제공: 영화사 진진

독은 〈나, 다니엘 블레이크(I, Daniel Blake)〉(2016)라는 영화를 통해 21세기 복지 국가에서 노년의 노동자가 맞닥뜨리는 어이없는 곤경을 파고든다. 영화 속 주인공 다니엘 블레이크(데이브 존스 분)는 평생을 자선에 기대지 않고 성실하게 살아온 뉴캐슬의 유능한 목공 노동자다. 그는 심근경색을 일으킨 후 일하지 말라는 의사의 진단을 받지만 업무 능력 평가에서는 복귀 가능 판정이 나와 실업 수당을 받지 못한다. 블레이크는 이의 신청을 하려고 하지만 온라인 양식을 작성하는 일부터 첩첩산중이다.

블레이크가 넘어야 하는 장벽은 한둘이 아니다. 첫 번째 장벽은 의사의 진단과 조언에 따라 일하면 안 되지만 구직 활동은 계속해야 하는 현실이다. 하루하루 먹고살아야 하는 그로서는 진퇴양난이다. 여기서 우리는 본질적 문제의식에 맞닥뜨릴 수밖에 없다. 그것은 바로 '열악한 삶의 조건에 안정적으로 적응하게 하는 것이 과연 복지의 목표일까?' 하는 의구심이다.

두 번째 장벽은 복지 신청 과정에서 자기가 얼마나 가난하고 비참한 존재인가를 반복 증명하며 존엄을 훼손당한다는 사실이다. 모든 사람이 인간다운 삶을 누릴 뿐 아니라 각종 사고 위험으로부터 최소한의 안전망을 갖추기 위해 만들어진 것이 사회복지 제도임에도 복지를 받기 위해선 존엄을 잃어야만 한다.

다니엘 블레이크는 평생을 살아오면서 자선에 기댄 적이 없다. 신체 능력 평가에서 15점을 받을 만큼 절박해야 실업 수당을 받을 수 있는 블레이크는 자신의 불운을 재료로 서류를 만들고 필요한 진술을 하는데, 그 과정에 수치심을 느낀다. 그러고도 12점밖에 안 된다는 판정이 나서 수당을 지급받지 못한다.

세 번째 장벽은 디지털 기술에 친숙하지 않은 사람이 사회 시스템에서 배제되는 현상이다. 컴퓨터와 디지털 기기를 능숙하게 다루지 못하는 세대의 블루칼라 노동자인 블레이크는 전화로 복지 시스템을 문의하려고 하지만 끝없이 다른 부서로 연결되는 'ARS 무간지옥'에 빠진다. 급기야 전화 연결음인 비발디의 〈사계〉가 그의 울화통을 터뜨리는 방아쇠 음악이 된다. "복지 신청 과정에 심근경색을 일으키거나 화병으로 복장 터져 죽지 않을까?" 하는 영화 대사가 나오는 것도 놀랍지 않다.

우리 사회에서도 코로나19 팬데믹 이후 키오스크 도입이 빠르게 이루어졌으나 많은 기성세대가 적응하지 못했다. 그 연장선에서 야구장 현장 예매를 거절당한 한 노인에 대한 뉴스도 보도되었다.

키오스크 사용법이 과연 젊은 세대만 이해할 수 있을 만큼 어렵

영화 <나, 다니엘 블레이크> 중   제공: 영화사 진진

고 복잡한지 의문이다. 뒷줄에 서 있는 사람의 눈총으로 인한 초조감 탓에 노인들이 제대로 배울 기회를 얻지 못한 것은 아닐까? 만일 우리 사회에서 젊은 백인 남성 관광객이 키오스크 앞에서 시간을 끈다면 뒷줄에 있는 사람들은 노인을 대할 때와 똑같이 반응하지는 않을 것이다.

노인들은 필요 이상으로 자주 위축된다. '디지털 기기에 서투른 사람'이라는 선입견에 사로잡혀 바라보는 시선을 어쩔 수 없이 의식하기 때문이다. 최근 임영웅 콘서트 구매용 키오스크를 직관적 접근이 가능하도록 제작·운영하고, 공연장 주변 시설도 노년층 관객이 이용하기 편하게 마련했다는 뉴스 기사를 읽은 적이 있다. '사람들이 기계를 편리하게 사용할 수 있도록 하는 것이 불가능한 일은 아니었구나' 하고 깨닫는 계기였다.

다니엘 블레이크가 맞닥뜨리는 네 번째 장벽은 관료주의다. 관료들은 한번 예외를 인정하면 너도나도 이런저런 요구를 해올 것이라는 두려움 때문에 방어적 자세로 일관한다. 결국 모멸감을 안고 고난의 가시밭길을 걸어 영화의 클라이맥스에 다다른 블레이크는 벽에 큰 글씨로 글을 쓴다. 그의 글은 〈플랜 75〉에서의 노인들의 심정과 마찬가지로, '나는 관리해야 할 하나의 숫자가 아니라 서사를 가진 한 명의 인간으로 존중받고 싶다'라는 외침이다.

죄책감과 사법 위험까지 빈곤층 여자 노인에게 떠넘기는 잔인한 사회

2021년 기준 OECD 회원국 중 노인 빈곤율과 노인 자살률이 가장 높은 나라는 대한민국이라고 한다. 이는 2023년 10월 2일 《연합뉴스》의 기사 내용이다. 당연하게도 빈곤율과 자살률은 긴밀히 연결되어 있다. 빈곤으로 인한 노인 자살 원인은 다음의 세 가지다. 첫째, 신체 노화로 일상을 독립적으로 살 수 없게 된 사람이 느끼는 절망감이다. 둘째, 치매로 자아를 상실하는 일에 대한 공포감이다. 셋째, 배우자 등 가족을 잃은 뒤 밀려오는 슬픔과 외로움이다.

안락사가 불법인 현실에서 삶에 대한 자기 결정권을 상실한 노인들은 어떤 탈출구를 찾아낼까? 이재용 감독의 작품 〈죽여주는 여자〉(2016)는 여기서 착안한 상상을 영화화한 것으로, 〈나, 다니

OECD 회원국의 노인 빈곤율

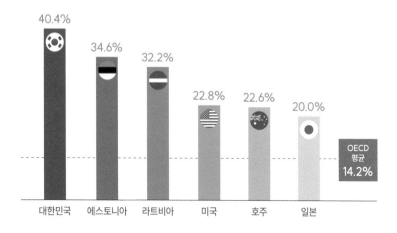

출처: OECD, 「Pensions at a Glance 2023」

한국의 66세 이상 인구 소득 빈곤율

출처: OECD, 「Pensions at a Glance 2023」

원하신다면 진짜로

죽여주는 여자

2016.10.06

영화 <죽여주는 여자>
제공: 영화진흥위원회 한국영화아카데미

엘 블레이크)와 같은 해에 극장에서 개봉했다.

영화의 주인공은 "폐지를 줍기는 싫어서" 매춘하는 여자 노인 소영 (윤여정 분)이다. 한때 손님이었던 남자 노인들에게 소영은 자살을 도와달라는 간청을 받는다. 통계에 따르면, 66세 이상 한국 여성의 소득 빈곤율은 45.3퍼센트로 남성보다 11.3퍼센트 높다. 여자인 소영은 남자 고객들보다 어려운 처지에 있지만, 영화에서 자살을 원하는 사람은 소영이 아닌 남자들이다.

그들은 빈곤층 여자 노인 소영에게 죽여달라고 부탁하면서 죄책감과 사법 위험까지 떠넘기는 무책임한 태도로 일관한다. 영화 <죽여주는 여자>는 고령화 사회의 궁극적 부담이 여성의 다수를 이루는 요양보호사, 간호사, 아내, 며느리에게 돌아가는 한국 현실을 환기시킨다.

중년 이하 세대가 자신의 노년을 생각할 때 가장 심각하게 염려하는 상태가 치매와 인지 장애 아닐까. 과거를 모두 잊고 현재를 통제하는 일이 불가능해지는 상태의 치매는 인생 전부를 상실하는 이벤트로 받아들여진다.

영화는 인간의 기억과 상당히 유사하게 작동한다는 가설이 있다. 모든 영화는 우리가 과거를 기억하는 방식과 유사한 양태로 존재한다는 의미다. 24프레임이 1초를 채우는, 즉 48분의 1초 길이의 이미지 사이 여백을 관객의 스토리텔링 본능과 상상력이 메워가는 영화의 작동 원리가 인간 대뇌가 기억하는 방식과 비슷하다는 뜻이다. 꼭 그 때문만은 아니겠지만, 뇌 질환인 알츠하이머병을 소재로 하는 영화는 꾸준히 만들어지고 있다.

자기 배설물을 스스로 처리하지 못하는 사람은 존엄하지 않은가?

미카엘 하네케(Michael Haneke) 감독은 2012년 개봉된 영화 〈아무르(Amour)〉로 전 세계인의 이목을 집중시켰다. 이 영화는 환자 배우자의 관점에서 치매가 가져오는 삶의 변화와 그에 대응하는 방식을 보여준다. 플로리안 젤러(Florian Zeller) 감독의 〈더 파더(The Father)〉(2012)는 〈아무르〉와 달리 알츠하이머병 환자 시점에서 보고 듣는 세계를 재현한다.

하네케 감독은 〈아무르〉 이전에 〈퍼니 게임(Funny Games)〉(1997), 〈피아니스트(La Pianiste)〉(2001), 〈하얀 리본(Das weiße Band)〉(2009) 등의 냉혹함을 느끼게 하는 걸작을 여러 편 만들었다. 그는 마치 임상 심리학자처럼 아무리 끔찍한 사태와 맞닥뜨려도 눈을 돌리지 않는 단호한 태도를 지닌 감독으로 평가 받는다. 악취미와 탐구의 경계선에 서 있는 게 아닐까 하는 생각이 들 정도다.

하네케 감독은 인간의 의지와 노력으로는 도저히 피할 수 없는 극단적 상황에 몰린 개인의 반응에 꾸준히 관심을 가져왔다. 〈아무르〉에서 알츠하이머병은 〈퍼니 게임〉의 주거 침입, 〈피아니스트〉의 이상 성욕, 〈하얀 리본〉의 파시즘보다 더 많은 인간이 겪는 보편적 극한 상황인 셈이다.

피할 수 없는 죽음과 끝나지 않은 사랑을 영화는 어떻게 다룰까? 이 물음에 대한 교양 있는 중산층 조르주(장 루이 트랭티냥 분)의

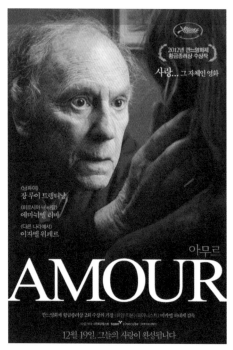

영화 〈아무르〉
제공: 티캐스트

입장은 낙관적이지 않다. "계속 나빠지다가 끝나겠지"라는 대사로 그의 태도를 엿볼 수 있다. 그는 끝까지 아내와 자신의 품위를 지키며 죽음까지 아우르는, 인생의 진정한 동반자가 되고자 한다.

영화가 전개되는 동안 내내 조르주는 한 번도 표정을 무너뜨리지 않는다. 그는 친딸을 포함한 주변의 연민과 충고를 거절하며 해야 할 일을 정하고, 자신과 반려자가 신뢰하는 합당한 방식으로 일을 완수한다. 이때 조르주가 중요한 선택을 하는 데 근거가 되는 정당성은 세상 규범에서 나오는 것이 아니라 서로 사랑하는 두 사람이 만든 둘만의 법에 따른 것이다. 이는 도덕적 결단이 아니라 윤리적 결단이라 할 만하다.

어떻게 보면 조르주는 고통스럽지만 영웅적이다. 우리는 〈아무르〉의 미학적인 면을 떠나서 진지하게 그 의미를 곱씹어볼 필요가 있다. 과거를 기억하지 못한다고 지금까지의 삶이 사라질까? 자식을 알아보지 못하고, 자기 배설물을 스스로 처리하지 못하는 인간이라고 존엄하지 않을까?

"가난한 사람들은 어떻게 한다니?"

〈아무르〉의 내용과 비슷하게 한 부부가 실제로 동반 자살하는 사건이 일어났다. 2013년에 프랑스에서 발생한 일로, 〈아무르〉가 개봉한 다음 해의 일이다. 86세 동갑내기 베르나르와 조르제트 카제 부부는 그해 11월 26일, 파리 시내의 한 호텔 방에서 얼굴에 비닐봉지를 뒤집어쓰고 숨진 채 발견되었다. 유서에는 약을 먹고 평온하게 죽을 권리를 법이 가로막고 있다고, 정부의 안락사 금지법을 비판하는 내용이 적혀 있었다. 이 사건을 계기로 2015년 프랑스 정부는 연명 치료를 중단할 수 있는 소극적 안락사 제도를 도입했다. 그 이듬해인 2016년에 개정된 법은 말기 암 환자들이 죽음 직전 고통을 호소할 때 진정제 등을 투약하는 일을 허용했다. 그러나 조력 존엄사나 안락사는 인정하지 않았다.

2022년 개봉한 프랑수아 오종(François Ozon) 감독의 영화 〈다 잘된 거야(Everything Went Fine)〉는 존엄사가 인정되지 않는 사회에서 아버지의 조력 안락사 요구를 수행해야 하는 중년의 맏딸이 겪는 독특한 경험을 다룬다. 영화 속 아버지 앙드레(앙드레 뒤솔리에 분)는 부유한 가장으로, 거동은 불편하지만 자아를 상실하지 않은 상태다. 그는 스위스 의료 조력 자살을 이용해 품위 있게 죽기로 결심하고 실행에 옮긴다. 그는 딸 엠마뉘엘(소피 마르소 분)에게 의료 조력 자살에 드는 높은 비용에 대해 불평하며 이렇게 말한다.

"가난한 사람들은 어떻게 한다니?"
"그냥 죽기를 기다리죠."

딸은 담담하게 대답한다. 감독은 〈다 잘된 거야〉의 분위기를 무겁게 연출하지 않았다. 코미디 느낌마저 들 정도의 유쾌한 가족 드라마다. 그러나 이 영화는 장례뿐 아니라 죽음의 방식 역시 계급에서 벗어나 있지 않음을 넌지시 말한다.

치매 환자의 눈앞에 펼쳐지는 세상

영화 〈아무르〉에서 안느가 처음으로 보이는 증상은 눈을 뜬 채 말과 동작을 멈추는 것이다. 마치 정지 화면이나 얼음 조각이 된 것처럼 말이다. 미카엘 하네케 감독은 그런 방식으로 조르주와 안느가 서로 다른 시간을 살게 됐다는 사실을 암시하고자 한 것으로 보인다. 영화 〈더 파더〉는 치매 환자의 시간 속으로 더 적극적으로 들어간다. 앤서니 홉킨스가 연기하는 노인 앤서니의 머릿속으로 카메라를 들고 들어가 그 안에서 영사되는 영화를 보여준다고 해도 지나치지 않을 정도다.

영화 <더 파더>
제공: 판씨네마(주)

아파트에서 홀로 지내며 맏딸(올리비아 콜먼 분)의 보살핌을 받던 앤서니는 증상이 악화하면서 집을 떠나 요양원으로 거처를 옮긴다. 영화는 앤서니의 주관적 기억을 따라간다. 딸의 얼굴, 딸의 결혼 여부 등 중요한 사실관계마저 내용이 이랬다저랬다 하는 것은 그런 연유에서다. 관객은 연속해서 화면이 바뀔 때마다 아파트의 실내 인테리어가 미묘하게 달라지는 걸 간파할 수 있다. 집 안의 소품, 현관의 외투걸이, 부엌 싱크대 색깔 등의 요소가 계속 바뀐다. 촬영 스태프진의 프로덕션 디자인팀은 시간의 부피를 재고 선후 관계를 파악하는 잣대가 파괴된 앤서니의 세계를 직설적 방식으로 보여준다. 영화만이 구사할 수 있는 표현이기도 하다.

타계한 영화 평론가 로저 이버트(Roger Joseph Ebert)는 영화를 "공감을 만드는 기계"라고 정의했는데, 〈더 파더〉는 여기에 딱 들어맞는 예라고 할 수 있다. 일관성 파괴에도 불구하고 우리는 아버지가 얼마인지 모르는 기간 동안 치매를 앓음으로써 딸이 오랫동안 큰 노력을 기울였음을, 그리고 이젠 자기 삶을 찾으려 한다는 사실을 간파하게 된다.

치매 환자들은 연민만 부르는 존재가 아니다. 영화의 주인공 앤서니는 그 점을 잘 보여준다. 일부 환자는 정신이 흐린 중에도 상대의 아픈 곳을 정확히 찔러 상처 내는 식으로 심술을 부린다. 여전히 장기 기억은 남아 있기 때문이다. 앤서니 역시 자신에게 뭔가 잘못된 일이 일어나고 있다는 사실을 알아차리면서 괴로워한다. 그는 기억이 초기화할 때마다 암전되었다가 원점에서 깨어나는 것이 아니다. 〈더 파더〉가 드러내 보여주는 앤서니의 세상은 뭔가에 걸려 넘어질지 모르는 VR 게임 속 세상과 비슷하다.

이 영화에서 특히 주목할 만한 점은 음악의 쓰임새다. 〈더 파더〉는 오페라 음악을 앤서니의 방어막처럼 사용한다. 음악을 들을 때 앤서니는 늘 혼자이고, 음악은 외부의 방해로 예고 없이 툭 끊어진다. 정념(情念)이 흘러넘치는 오페라 음악은 타인 앞에서 애써 담담한 척하지만, 앤서니의 내면에서 일어나는 신의 자비를 구하는 호소로 해석할 수 있다.

다음에 인용하는 앤서니의 대사는 노화를 일인칭 시점으로 절묘하게 표현한 문장으로 기억될 것이다. 그는 자신을 정원의 나무에 비유하며 사시나무처럼 떤다.

"내 잎사귀가 다 떨어지는 것 같아. 나뭇가지에 바람인지, 비인지, 무슨 일이 벌어지는지 모르겠어."

한국은 초고령 사회 진입 직전에 있다. 70대 인구가 20대 인구를 추월한 지 오래됐다. 노인 공적 부양 문제는 세대 갈등 원인으로 작용하며 노인 혐오로 비화한다. 『당신의 노후』는 국민연금공단 직원들이 연금을 타는 노인을 사고사로 위장해 살해하는 내용의 소설이다. 이 작품은 고려대 박형서 교수의 책으로, 2018년에 출간되었다.

'○○충'이라는 식의 혐오 딱지가 난무하며 노인에게 '라떼', '꼰대', '틀딱' 같은 별칭을 붙이는 사례를 우리는 자주 접한다. 그렇다면 젊은 세대가 노년층에 대해 지닌 부정적 이미지의 반대편에 숨어 있는 긍정적 이미지와 기대감은 무엇일까?

세대 화합 가능성을 영화 〈인턴〉에서 찾다

〈인턴(The Intern)〉은 2015년에 개봉해 한국에서만 361만 명의 관객을 극장으로 끌어들인 흥행 영화다. 이 영화를 만든 낸시 마이어스(Nancy Meyers)는 전 세계적으로 인기를 모은 영화 〈왓 위민 원트(What Women Want)〉(2000)를 만든 감독이다.

〈인턴〉의 남자 주인공 벤(로버트 드니로 분)은 배우자를 여의고, 전화번호부 제작 회사에서 정년퇴직한 뒤, 급성장하는 패션 스타트업 기업에 인턴으로 입사한다. 그곳에서 그는 자신에게 아무 기대도 하지 않는 젊은 오너 줄스(앤 헤서웨이 분)에게 크고 작은 도움을 주며 회사에 꼭 필요한 직원으로 성장해간다.

영화의 주인공 벤을 현실의 노인으로 보기는 어렵다. 그는 자기 일상을 단정하게 돌보고, 냉철한 판단력과 유능함을 지닌 채 나이만 든, 젊은 세대가 원하는 노년층의 이데아에 가까운 인물이다. 비록 〈인턴〉이 이처럼 다분히 할리우드적이기는 해도 세대 간 관계 맺기의 해법을 제시하고 있어 자세히 살펴볼 필요가 있다.

〈인턴〉을 좋게 평가한 관객이 주로 사용한 단어는 무엇이었을까? '공감', '멘토', '힐링' 등이었다. 젊은 나이에는 쌓을 수 없는 노인만의 경험과 여유, 지혜를 장유유서의 틀이 아닌 파트너십 속에서 배우고 싶어 하는 젊은 세대의 생각이 엿보인다. 여기서 눈길을 끄는 것은 '지혜의 내용'이다. 〈인턴〉의 포스터는 얼핏 잘나가는 커리어 우먼에게 '아빠가 제일 잘 알아(Father knows best)'식의 멘토링이 진행되는 스토리처럼 보인다. 그러나 영화의 주인공 벤의 조언은 정확히 반대 지점을 향한다.

일에 치여 가족과 단란한 시간을 보내지 못하는 줄스에게 벤은 이상적인 결혼생활을 했던 입장으로서 가정이 비즈니스보다 중요하다고 충고할 만하다. 그러나 낸시 마이어스 감독은 이 대목에서 고개를 젓는다. 오히려 벤은 남편을 잃는 한이 있어도 회사 경영에서 손 떼지 말고 주도적으로 이끌어가라고 줄스에게 조언한다. 이 영화는 젊은 세대가 호응하고 함께 일하기를 원하는 기성세대 동료란 어떤 사람일까에 대한 힌트를 준다. 자기 세대가 가진 고정관념을 반복해서 이야기하지 않는 어른, 잘사는 삶의 본보기가 될 만한 어른, 개인적 시행착오를 통해 얻은 값진 경험과 노하우를 공유하는 어른이다.

영화 〈스트레이트 스토리〉에서 '인생의 속도'를 발견하다

젊은 세대처럼 생각하고 일하는 것만이 기성세대가 공동체에서 자기가 맡은 역할을 해내고 존재 가치를 인정받는 길은 아니다. 세상의 빠른 속도를 젊은이 못지않게 따라가는 노인들만 생존할 수 있다면 약육강식, 각자도생 논리와 다를 게 없을 테니 말이다. 느리고 불편한 상태에 놓인 사람은 빠르게 움직이고 최적의 조건을 가진 사람보다 구멍 나고 망가진 사회 구석구석을 좀 더 잘 살펴볼 수 있지 않을까? 만일 그가 풍부한 경험과 뛰어난 식견까지 갖추고 있다면 단지 문제를 지적하는 선을 넘어 문제를 해결하는 사람이 될 수도 있다.

데이비드 린치(David Lynch) 감독이 만든 영화 〈스트레이트 스토리(The Straight Story)〉(2001)는 노화로 각종 병에 시달리는 데다 쌍지팡이를 짚어야 겨우 발걸음을 뗄 수

영화 <스트레이트 스토리>
제공: 블루필름웍스

있는 노인 앨빈(리차드 판스워스 분)이 10년간 의절했던 형을 만나기 위해 탈탈대며 달리는 고물 잔디깎이 차량을 몰고 가는 기묘한 로드 무비다. 이 영화는 주인공 앨빈의 몸동작처럼 느리게 전개된다. 잔디깎이 차량이 달리는 속도부터 느려도 너무 느리다. 그래도 명색이 차량인데, 사람이 빨리 뛰면 따라잡을 수 있을 정도의 속도로 달린다. 카메라의 시선이 하늘로 올라갔다가 땅으로 내려오는 사이 앨빈은 몇 미터도 못 가고 거의 제자리걸음을 하고 있다. 그러나 앨빈은 잔디깎이 차량이 느리게 가는 데다 고장이 나서 자주 멈추는 덕분에 많은 이들을 만나 대화를 나눌 수 있다.

앨빈의 느린 여행을 따라가며 우리는 노년의 축복은 중요한 것과 덜 중요한 것을 구별하는 능력임을 알게 된다. 그 능력은 사회생활의 모든 면에서 유용할 게 분명하다. 이 영화에서 우리는 노년층을 포함한 사회적 약자를 돕는 바람직한 태도에 관한 힌트도 얻을 수 있다. 인간이 다른 인간을 돕는 것은 당연하며 생색낼 일이 아니라는 것을 말이다. 남을 도운 것이 생색낼 일이 아니라 오히려 돕지 못하는 것이 미안한 일일 뿐이다. 영화에서 앨빈과 만난 사려 깊은 마을 주민의 태도에서도 그런 마음이 엿보인다. 그는 앨빈의 독립적인 여행에 민폐가 되지 않을까 염려하면서 조심스럽게 '당신이 제 도움을 받아주시면 기쁠 것 같습니다'라는 뉘앙스로 동행을 제안한다. 그는 이렇게 말한다.

"자이온산까지 제 차로 모셔다드리고 싶습니다. 요즘 단풍이 절정이라 저희 부부에게도 멋진 여행이 될 거예요."

〈스트레이트 스토리〉는 느린 영화다. 현실이 아닌 영화의 속도로는 더더욱 그렇다. 대부분의 영화는 상대적으로 젊은 세대 인물을 더 자주 담기에 우리에게 익숙한 인간의 보행 속도, 밥 먹는 속도, 말하는 속도는 당연히 노년층의 그것보다 훨씬 빠르다. 앨빈이라는 노인의 속도는 일반적인 영화와 차별화되는 〈스트레이트 스토리〉만의 독특한 영화적 속도를 만들어낸다.

영화 〈시〉에서 가족을 뛰어넘는 윤리의식을 배우다

이창동 감독의 영화
〈시〉(2010)는 노인의 윤리
의식과 책임의식을 파고
드는 엄격하고 섬세하며
아름다운 영화다. 그 노
인은 젊은 세대와 비교해
훨씬 오랜 시간 오늘의
사회를 만드는 데 기여한
구성원이다. 윤정희가 주
연을 맡은 영화 속 양미
자는 딸이 맡긴 외손자를
키우는 60대 기초생활보
장 대상자다. 그는 어느

영화 〈시〉
제공: 유니코리아 문예투자

날 시 쓰기 강좌에 등록한다. 60대 여성이 시를 배우는 목적은 입
시나 등단이 아니다. 세속적이지 않은 모든 것에 대한 관심과 애정
을 의미한다. 어쩌면 자신과 관련 없는 존재들을 향한 연민이다.

양미자는 누군가가 뭘 바닥에 떨어뜨리면 먼저 다가가서 "어머,
어떡해" 하고 참견하는, 우리가 종종 만나는 좋은 의미에서 오지
랖 넓은 할머니다. 그러나 응급실에서 본 소녀의 자살이 자기 외손
자가 가담한 성범죄와 관련 있다는 사실을 알게 된 순간부터 그는

두 개의 질문에 직면한다.

첫 번째 질문은 '시 쓰기는 과연 가능한가?'다. 미자는 아름다움의 장막 안에 숨고 싶어 하지만, 아름다움이 자신을 경멸한다고 느낀다. 두 번째 질문은 '가해자 부모들의 집단 대응에 함께할 것인가?'다.

봉준호 감독의 영화 〈마더〉(2009)에서 김혜자가 연기한 엄마는 자식의 죄를 삼키고 미쳐버렸지만, 미자는 자신과 가족을 넘어서는 결단을 내린다. 누군가는 이렇게 말할지 모르겠다. "〈마더〉에서는 주인공의 자식이 대상이고, 〈시〉에서는 손자가 대상이기에 가능한 일이었어요"라고. 어느 정도는 사실일 것이다. 그러나 관점을 달리하면, 노인 세대는 자신의 연장이나 다름없는 자식과 가족 이기주의를 뛰어넘어 그 이후의 세계를 근심할 만한 조건을 갖춘 사람들이기도 하다.

영화가 바라보는 노년에 대한 담론을 이제 마무리할 시간이다. 현재 우리가 맞닥뜨린 고령화 사회의 문제는 지금까지 자본주의 사회가 추구해온 생산성 및 이윤 제일주의 가치관의 역습일 수도 있다. 저출산과 고령화 문제가 인류 역사의 흐름이라면 그것을 부정하기보다는 현실로 받아들이며 모든 구성원의 행복을 지킬 수 있는 방향으로 제도를 개선하며 사회 변화를 이끌어가야 한다. 그리고 다른 세대의 삶을 풍부하게 경험하게 해주는 영화 예술도 그 중요한 과정에 어느 정도 기여할 수 있지 않을까 생각한다.

영화는 인간의 존엄성을 중심에 놓고 인간을 둘러싼 시간과 기억을 다루는 예술이다. 영화는 사회를 반영하는 거울이자 아직 오지 않은 미래 사회를 예측하고 대비하도록 돕는 수정 구슬과 같은 도구이기도 하다. 이런 정체성을 가진 영화에게 노년의 삶은 앞으로 더욱 중요한 제재가 될 것이다.

[老 see：near zone]

노시니어존

III

"
늙어가는
대한민국
"

김태유

서울대학교 산업공학과 명예교수

저출산,
재앙인가 축복인가

**전 세계 석학들은 왜 한국을 '가장 먼저 소멸할 나라'로
꼽았을까**

우리 선조들은 장수(長壽)를 부귀영화보다 중요하게 생각했고
큰 복으로 여겼다. 만일 그렇다면 고령화 사회는 행복으로 가득한
사회가 되어야 할 것이다. 그런데 왜 고령화가 심각한 사회 문제로
대두되었을까? 그 이유는 고령화 추세가 저출산과 함께 왔기 때문
이다.

자녀들에게 노후를 온전히 의탁할 수 없는 현대 사회에서는 장
수하는 노인이 연금, 의료보험 등의 사회 안전망 없이는 행복한 삶
을 살기 어렵다. 고령화로 인해 노년층 인구는 늘어나고 경제활동
을 하는 청년층 인구가 줄어들면 사회보장 제도가 건실하게 유지
될 수 없기 때문이다.

2022년 대한민국 합계출산율은 0.78명으로, OECD 국가 중 최

하위를 기록했다. 한국은 출산율 감소 속도에서도 가장 빠른 나라 중 하나로 꼽힌다. 이런 상태가 지속된다면 이론상 현재 약 5200만 명의 인구가 한 세대 후에는 약 2000만 명, 두 세대 후에는 800만 명 이하로 줄어들 것이다.

최근 《뉴욕타임스(The New York Times)》 칼럼니스트 로스 다우서트(Ross Douthat)는 〈한국은 소멸하는가?(Is South Korea Disappearing?)〉라는 칼럼에서 "대한민국의 인구 감소 추세는 14세기 흑사병이 유럽에 몰고 온 그것을 능가하는 수준"이라고 지적했다. 더욱 비관적이게도, 2006년 영국 옥스퍼드대학교 인구학자 데이비드 콜먼(David Coleman) 교수는 한국을 지구상에서 '가장 먼저 소멸할 나라'로 꼽았다. 2017년 IMF 총재를 지낸 유럽 중앙은행 총재 크리스틴 라가르드(Christine Lagarde)는 한국을 '집단자살 사회'로 명명하기도 했다. 게다가 2023년 EBS 다큐멘터리 K의 〈인구대기획 초저출생: 골든타임〉에 출연한 미국 캘리포니아대학교 명예교수 조앤 윌리엄스(Joan C. Wiliams)는 "한국, 완전히 망했네요!"라고 말했다.

이런 주장과 해석들을 같은 맥락에서 이해할 수 있다. 전 세계의 명망 있는 학자 등 전문가들이 단지 대한민국 인구가 감소한다고 해서 '소멸', '집단자살', '망했네요' 식의 극단적 표현을 사용한 것은 아니라는 점이다. 저출산 문제가 심각한 것은 고령화와 함께 오기 때문이다. 경제활동을 할 수 있는 청년인구는 줄어들고 부양 대상 고령인구는 늘어나서 각종 연금이 중단된다. 그 결과 취

대한민국 합계출산율 추이

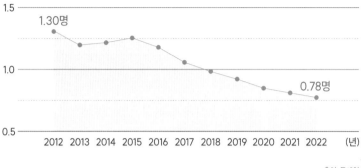

출처: 통계청

합계출산율 감소 속도 비교 그래프

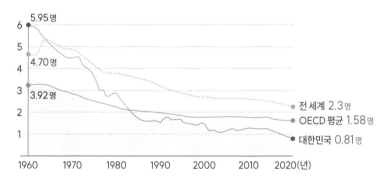

출처: OECD

약 계층이 먼저 불행해진다. 개인과 기업의 세금 지출이 수익을 넘어서고, 정부 재정이 파탄 나서 온 국민이 불행해지는 총체적 위기를 피할 수 없다. 이런 맥락에서 현재 우리가 맞닥뜨린 저출산 · 고령화 문제를 방치하면 한국 사회의 미래에 돌이킬 수 없는 재앙을 초래하게 된다.

저출산 추세는 한국만의 문제가 아니라 전 세계적인 현상이다. 세계 평균 합계출산율은 1960년 4.7명에서 2020년 2.3명으로, 절반 이하로 떨어졌다. 2020년 기준 OECD 평균 합계출산율은 1.58명으로, 현재의 인구를 유지할 수 있는 2.1명 이하로 떨어진 지 오래다.

저출산 · 고령화 현상을 우리보다 먼저 겪은 서유럽 선진국들

생산가능인구 · 고령인구 전망

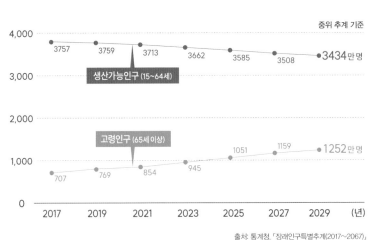

출처: 통계청, 「장래인구특별추계(2017~2067)」

이나 일본에서는 저출산 문제를 해결하기 위한 다양한 정책이 시행되었으며, 어느 정도 효과를 보기도 했다. 그러나 이 나라들조차 저출산 문제를 해결할 근본적인 정책을 내놓거나 시행한 적은 없다.

UN, OECD 등의 국제기구도 저출산·고령화 문제를 환경 파괴, 자원 고갈, 식량 부족, 빈곤 문제 등과 같이 전 지구적 차원의 중요한 문제로 다루지는 않는다. 기존에 지구 생태계를 위협하던 환경, 자원, 식량, 빈곤 등의 위기는 인구과잉으로 인해 초래된 문제들이다. 흥미롭게도, 현재 전 세계적으로 나타나는 저출산 현상이 위에 언급한 문제들에 대한 근본적인 해결책을 찾는 데 오히려 큰 도움이 되리라는 사실이다. 그렇다면 저출산을 심각한 문제가 아니라 오히려 인류 문명의 지속 가능성을 높여주는 '축복'으로 받아들일 수도 있다.

OECD 합계출산율 1.58명은 축복, 한국 합계출산율 0.78명은 재앙이다

한국에서는 재앙이지만 전 세계적으로 축복일 수도 있는 인구 문제의 본질은 무엇일까? 『인구론(An Essay on the Principle of Population)』(1798)의 저자 맬서스(Malthus T.R.)는 식량 생산은 산술급수적으로 늘어나는 데 반해 인구는 기하급수적으로 증가해 이를 방치하면 식량 부족 사태를 피할 수 없을 것이라고 경고했다. 한발 더 나아가, 그는 기아와 질병으로 위기에 빠진 빈민을 구제하지 않는 것을 문제 해결의 한 방편으로 제안하기까지 했다. 그러나 인구과잉이 본격적인 사회 문제로 등장한 것은 산업혁명이 일어난 뒤의 일이다.

「성장의 한계(The Limits of Growth)」는 '지성인의 모임'으로 불리는 로마 클럽(The Club of Rome)이 1972년에 내놓은 연구 결과다. 이 보고서는 시스템 다이나믹스 모델 시뮬레이션을 통해 경제 성장과 인구 증가에 의한 자원 고갈과 환경 파괴로 인해 100년 이내에 인류 문명이 성장의 한계에 도달할 것이라는 암울한 예측을 내놓았다. 이미 전 세계적으로 인구과잉을 억제하기 위한 산아 제한 필요성이 제기되어왔고, 한국도 1960년부터 1980년까지 "아들딸 구별 말고 둘만 낳아 잘 기르자"라는 표어 아래 강력한 산아 제한 정책을 실시했다.

'인구 문제는 왜 『인구론』이 발표된 지 200년이나 지나서야 심각한 사회 문제로 등장했을까?', '전 세계적으로 진행되는 저출산 · 고령화 문제로 인해 어떤 사회 · 경제적 위기 상황이 벌어질까?' 이 두 가지 질문에 대한 해답이 무엇인지 진지하게 고민해야 한다.

『이기적 유전자(The Selfish Gene)』(1976)로 세계적 명성을 얻은 리처드 도킨스(Clinton Richard Dawkins)는 모든 생명체는 자기 유전자를 보존하기 위해 번식한다고 주장했다. 그런 면에서 인간도 마찬가지다. 과거 농업 사회에서는 영양 부족과 질병으로 인한 유아사망률이 50퍼센트를 넘었다. 기대수명도 30대 중반을 넘기지 못했다. 그런 상황에서 인류는 종족 보존을 위해 당장 필요한 수보다 많은 아이를 낳았다.

조선 시대의 존경받는 학자 다산 정약용(茶山 丁若鏞) 선생의 가계를 살펴보면 "6남 3녀를 낳아서 2남 1녀를 키웠다"라는 구절이 나온다. 당시의 유아 사망률이 얼마나 높았는지 짐작할 수 있게 하는 대목이다. 그런데 산업혁명과 과학 기술 발달로 유아 사망률이 획기적으로 줄어들고, 식량 증산 정책 성공으로 영양 상태가 좋아졌다. 그 결과 인간의 기대수명은 2배 이상 늘어났고, 급기야 과잉인구가 인류의 생존을 위협하기에 이르렀다. 한때 농업 사회라는 새로운 환경에 적응하기 위해 출산율을 높였던 인류가 이제 풍요로운 산업 사회가 빚어낸 인구과잉이라는 새로운 환경에 적응하기 위해 출산율을 낮추기 시작한 것이다.

이러한 현상은 동물실험으로도 증명되었다. 동물행동학자 존 칼훈(John B. Calhoun)의 실험에 따르면, 일정한 생태계 안에서 쥐를 키우면 번식해서 개체 수가 늘어난다. 쥐의 밀도가 일정 수준 이상을 넘어서서 경쟁이 치열해지면 쥐는 번식을 멈추기 시작한다. 그후 여러 연구자가 시행한 다른 동물실험에서도 이와 유사한 현상이 관찰되었다.

과잉인구가 저출산을 초래한 것은 인간 사회도 마찬가지다. 농업 사회에서 삼각형(△)이던 인구 피라미드가 산업혁명 이후 저출산과 고령화로 인해 역삼각형(▽) 형태로 바뀐 것이다. 그러나 세

1960년대 한국 인구 구조 피라미드

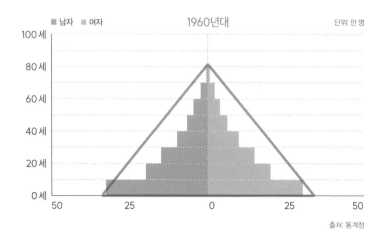

2020년대 한국 인구 구조 피라미드

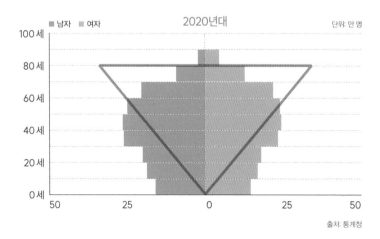

월이 흘러 지금의 고령자가 모두 세상을 떠나고 저출산 추세가 안정되면 미래지식산업 사회는 적은 수의 아이가 태어나서 건강하고 행복하게, 장수하며 살 수 있는 좋은 세상이 될 가능성이 높다. 그때는 인구 피라미드가 세로로 긴 박스형(▯)이 될 것이다.

인구 피라미드가 역삼각형이 되는 기간에 경제활동이 활발한 청년인구는 감소하는 반면 부양 대상인 고령인구는 증가한다. 배려와 공감을 통해 세대 간 갈등을 해소하고 화합을 이루는 방향으로 연착륙(soft landing)할 역량이 있는 국가에 지금의 저출산은 오히려 축복이다.

"긴 병에 효자 없다"라는 옛말처럼, 일하는 청년인구가 너무 적어 고령인구를 부양할 수 없게 되면 최소한의 사회 안전망마저 무너질 위험이 크다. 이런 식으로 경착륙(hard landing) 하는 국가에게 저출산은 치명적인 위기로 다가올 것이다. OECD의 합계출산율 1.58명은 축복일 수 있지만, 한국의 합계출산율 0.78명은 재앙이 될 수밖에 없다.

한국 합계출산율이 0.7대까지 낮아진 두 가지 근본 이유

한국의 합계출산율이 OECD 국가 평균의 절반도 안 될 정도로 낮은 것은 왜일까? 한국의 저출산이 시작된 원인은 선진국의 경우와 거의 차이가 없다. 산업 사회의 도래와 함께 여성의 교육 수준이 높아지고 적극적으로 사회 활동에 참여하면서 가정과 사회에서 지위가 향상된 영향이 컸다. 그 연장선에서 결혼과 출산 시기가 늦어졌다. 그리고 가정과 직장 사이 갈등 문제에서부터 삶의 질을 향상하는 일에 이르기까지, 생존과 번식 욕구를 채워주는 하위 단계에서 자아실현 욕구를 충족해주는 상위 단계 쪽으로 사회문화 진화가 이루어졌다.

이러한 현상들 모두 문명사적 관점에서 보면 산업 사회의 도래로 인한 인구과잉에 대처하는 현생인류(Homo sapiens sapiens)의 거시적 생존 전략의 일환이라고 할 수 있다. 한국의 경우에도 산업화

주요 국가별 인구밀도표

순위	국가명	면적(/㎢)	인구밀도(명/㎢)
17위	대만	36,197	660.9
25위	대한민국	97,600	530.6
42위	일본	364,500	338.3
52위	영국	241,930	280.0
63위	독일	349,390	238.4
101위	프랑스	547,557	118.3
192위	스웨덴	407,284	26.1
203위	핀란드	303,940	18.2

출처: worldpopulationreview.com

주요 국가별 수도권 집중도

순위	도시명	인구밀도(명/㎢)	수도권 집중도
1위	서울·인천	16,700	50.0%
6위	런던	5,100	12.5%
7위	도쿄·요코하마	4,570	28.0%
10위	베를린	3,750	7.4%
12위	파리	3,550	18.2%
17위	로마	2,950	–
20위	토론토	2,650	–
27위	뉴욕	2,050	–

출처: 국토연구원 세계도시정보

가 진행되면서 서구 산업 선진국들과 같은 이유로 저출산 추세가 시작된 것은 사실이다. 그런데 한국의 저출산 추세가 독보적으로 빠른 이유와 합계출산율이 OECD 국가 평균의 반도 안 될 만큼 낮아진 이유는 같은 듯하면서도 다르다.

한강의 기적이란 무엇인가? 영국이 300년, 미국이 200년, 일본이 150년 걸려서 성취한 산업화의 결실을 한국은 불과 50년 만에 이뤄냈다. 그러나 빛이 강하면 그림자도 짙은 법이다. 산업화 속도가 빠른 만큼 저출산 속도도 빨라진 것은 놀라운 일이 아니다. 하지만 한국의 급격한 합계출산율 하락은 빠른 경제 성장 하나만으로는 설명되지 않는 부분이다. 한마디로, 한국의 합계출산율이 0.7명대까지 낮아진 것은 '극심한 과당 경쟁'과 '경제 성장 정체' 때문이다.

인구 과밀로 인한 과당 경쟁이 토지·아파트 등 주거비를 끌어올리고, 과도한 스펙 경쟁에 교육비를 높임으로써 청년들이 결혼과 출산을 주저하게 했다는 사실은 누구나 안다. 한국은 인구밀도가 약 530명/제곱킬로미터인 데 반해 프랑스 118명, 독일 238명, 일본 338명/제곱킬로미터 수준이며, 북유럽의 스웨덴은 26명, 핀란드는 18명/제곱킬로미터에 불과하다. 이는 역사적으로 주어진 자연환경이니 어쩔 수 없다. 문제는 국가별 인구의 수도권 집중도를 살펴보면 한국은 50퍼센트가 넘는 데 반해 일본 28퍼센트, 프랑스 18.2퍼센트, 영국 12.5퍼센트, 독일 7.4퍼센트로 한국이 다른 국가들과 비교해 월등히 높은 편이다.

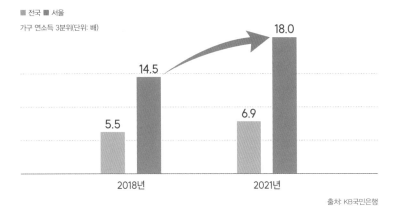

주택 가격 및 소득 분위별 PIR 지수 추이

■ 전국 ■ 서울
가구 연소득 3분위(단위: 배)

18.0

14.5

5.5

6.9

2018년   2021년

출처: KB국민은행

2023년 한국은행이 발간한 「초저출산과 초고령 사회: 극단적 인구 구조의 원인, 영향, 대책」이라는 보고서를 살펴보자. 이에 따르면, 출산율을 높이는 데 도움이 되는 정책이나 제도와 경제·사회·문화 여건 시나리오 분석 중에서 '도시 인구 집중도' 문제 하나만 개선해도 상황은 획기적으로 나아질 수 있다고 한다. '도시 인구 집중도' 문제를 해결함으로써 가족 관련 정부 지출, 육아휴직 실제 이용 기간, 청년층 고용률, 혼외 출산 비중, 실질 주택 가격 지수를 모두 개선할 경우 증가하는 출산율과 맞먹는 효과를 볼 수 있다는 의미다.

한국은 원래 선진국 대비 인구밀도가 2배 이상 높은 데다, 도시 집중 현상으로 인해 체감 인구밀도는 또다시 2배 이상 높아졌다. 이처럼 전 세계적으로 비슷한 사례를 찾기 어려울 만큼 극심한 과당 경쟁 현상을 초래한 것은 변명의 여지 없는 정책 실패일 뿐 아니라 인재(人災)라고 할 수밖에 없다. 그 결과, 한국에서는 소득 대비 집값 비율(Price to Income Ratio, PIR)이 한때 18까지 올라갔다. 이것은 한국 평균 근로자가 18년 동안 벌어들인 소득을 한 푼도 쓰지 않고 모아야 겨우 집 한 채를 장만할 수 있다는 의미다.

한국에서 자녀 1명을 18세까지 키우는 데 들어가는 양육비가 국민소득의 7.79배나 되는 데 반해 일본과 미국은 그 절반 수준인 4.26배, 4.11배에 불과하다. 이는 미국 투자은행 제퍼리스 금융그룹(JEF)이 2013년 베이징 위와(育娲)인구연구소 자료를 이용해 분석한 결과다.

이런 환경에서 청년들이 연애·결혼·출산을 포기하는 3포 세대로 전락한 것을 누가 비난할 수 있겠는가. 그럼에도 일부 기성세대는 젊은 세대를 준엄하게 꾸짖기도 한다. "우리는 국민소득 1,000달러 시대에 라면 사 먹을 돈조차 없을 때도 사글셋방에서 연탄 갈아 넣고 아들딸 키우며 행복해했다. 한데, 요즘 청년들은 국민소득 3만 달러 시대에 밥값보다 비싼 커피를 수시로 사서 마시고, 의식주에 온갖 사치는 다 하면서 '헬조선'이다, '지옥불반도 (지옥불+한반도)'다 하면서 불평만 늘어놓는다"라고 비난한다. 필자 역시 기성세대의 한 사람으로서 그들의 심정을 이해하지 못할 바는 아니다. 왜냐하면 그들은 한국전쟁 이후 폐허가 되어 세계에서 가장 가난한 나라로 전락한 한국을 G7 진입을 넘볼 만큼 대단한 나라로 발전시키기 위해 허리띠를 졸라매고 한평생 일만 해온 사람들이기 때문이다.

그렇다 하더라도 그들의 생각이 반드시 옳은 것은 아니다. 왜냐하면 인간의 행복과 불행은 오늘을 기준으로 결정되기 때문이다. 오늘보다 나은 내일은 희망이고 행복이다. 반대로 오늘보다 못한 내일은 절망이며 불행이다. 좀 더 엄밀하게 표현하면, 객관적 상황이 오늘보다 나아진다고 하더라도 정작 오늘 기대했던 만큼 나아지지 않으면 불행하다고 느낀다. 오늘보다 나은 내일을 기대하는 것은 인간 본성이기 때문이다. 나보다 내 자식들이 더 나은 삶을 살기를 바라는 마음 역시 부모들의 한결같은 바람이다. 국민소득 100달러 시대에 태어나 1,000달러 시대에 가정을 꾸린 기성세대는 그들의 자식이 1만 달러 시대를 살아갈 것이라는 확신이 있었다. 당대의 사람들이 자식을 많이 낳은 것은 그래서였다.

그들은 비록 가난했지만 희망이 있었기에 행복할 수 있었다. 그런데 국민소득 1만 달러대를 넘어선 시대에 태어난 젊은 세대는 지난 30여 년간 경제 성장률 대세 하락 시대를 체감했다. 그래서 그들은 자기 자녀가 자신보다 나은 삶을 살지 못할지도 모른다는 우려를 금할 수 없었다.

기성세대와 달리 참지 않고, 충성하지 않고, 희생하지 않는 MZ세대

오늘날의 청년세대는 기성세대보다 경제적으로 부유하지만 절망에 빠져 있기에 불행할 수밖에 없다. 그밖에 인공지능(AI), 챗봇(chatbot)이 지적하는 한국의 젊은 세대, 특히 MZ세대의 사회적 특징으로는 참을성 부족, 직장에 대한 낮은 충성도, 개인주의 태도, 보수 성향 등을 꼽을 수 있다. 이는 모든 상황에서 많이 참고, 직장에 충성하며, 일과 사회를 위해 개인과 가정을 희생해온 기성세대의 가치관을 기준으로 볼 때 그렇다는 얘기다. MZ세대는 기성세대가 낳은 자식 세대인데, 왜 이렇듯 정반대 성향을 보이게 되었을까?

인간은 기본적으로 이기적인 존재다. 인간이 자신에게 유리한 방향으로 진화해온 것은 그런 연유에서다. 찰스 다윈(Charles R. Darwin)의 자연선택설(Natural selection theory)에 따르는 생물학적 진화는 수만 년에 걸친 점진적 변화였다. 지크문트 프로이트(Sigmund Freud), 고든 올포트(Gordon Willard Allport) 등의 심리학 이론에 따르면 한 개인의 성향은 당대에 결정된다고 한다. 기성세대가 살아온 한국은 경제가 성장하면 할수록 더 많은 기회가 제공되었기에 개인이 참고 희생할수록, 직장에 충성할수록 잃는 것보다 얻는 것이 많은 세상이었다.

현재의 대한민국에서 MZ세대가 기성세대처럼 처신하면 얻는 것보다 잃는 것이 많을 수밖에 없다. 그들이 살아가는 한국은 경제 성장률 대세 하락으로 인해 새로운 기회가 사라져가는 세상이다. 똑같은 생물학적 유전자를 타고났지만, 기성세대와 MZ세대가 서로 다를 수밖에 없는 이유는 경제 환경이 성장에서 정체로 크게 달라졌기 때문이다.

참고, 충성하고, 희생해온 기성세대는 자기 개성을 포기해야 했기에 문화적으로 다른 사람들과 같은 족(族)으로 동화될 수밖에 없었다. 젊은 세대는 기성세대와 전혀 다른 족으로 분화된다. 그들은 충성하지 않고 희생하지 않으며, 각자 타고난 대로 자기 개성을 발현하며 살아가기 때문이다. 그리고 분화된 형태 또한 제각각 다양하다.

문화적 다양성이 가장 잘 수용되고 창조되는 미국에서 시작된 파이어(Financial Independence Retire Early, FIRE)족, 욜로(You Only Live Once, YOLO)족, 니트(Not in Education, Employment, or Training, NEET)족, 딩크(Double Income No Kids, DINK)족 등이 한국 MZ세대의 상징처럼 유행하고 있다. 조기 은퇴하고 새로운 세상을 찾아 나서려는 파이어족, 인생은 한 번뿐이니 지금 실컷 즐기자는 욜로족, 모든 것을 포기하고 될 대로 되라는 니트족, 생존 본능이 보존 본능을 억눌러 무자녀를 선택한 딩크족 등 현상은 다양해도 원인은 하나다. 정체된 암울한 경제 상황으로 인해 촉발된 결과가 그것이다.

기성세대라고 해서 다 같은 기성세대가 아니다. 경제를 발전시키며 올바른 정책으로 청년들에게 희망과 행복을 선물한 기성세대도 있었고, 그 후 잘못된 정책으로 경제를 정체시키며 청년들에게 불행과 절망을 남긴 기성세대도 있었다. 그러나 과거를 돌이킬 방법은 없다. 지금부터라도 저출산·고령화 문제를 해결하는 데 국론을 모아야 하며, 남녀노소를 불문하고 뜻있는 사람이라면 누구나 힘을 보태 절망의 시대를 희망의 시대로 만들어가야 한다.

자기 삶에 희망을 품을 때 비로소 타인의 삶에 대한 관심과 이해, 배려가 시작된다. 이러한 공감이 불행한 사회를 좀 더 행복한 사회로 만들어가는 원동력이 될 수 있기 때문이다. 문명사적 관점에서 볼 때 농업 사회에서 산업 사회로의 이행이 기성세대의 역할이었다면, 산업 사회에서 제4차 산업혁명과 지식산업 사회로의 이행은 젊은 세대에게 맡겨진 사명이다. 이제 젊은 세대가 나서야 한다. 어차피 대한민국의 미래는 좋든 싫든 오롯이 그들의 몫이고, 행복한 미래도 불행한 미래도 청년들이 살아가야 할 미래이기 때문이다.

과거의 산아 제한 정책과 지금의 출산율 올리기 정책이
동전의 양면인 까닭

지속 가능한 지구의 생태계 보전을 향한 인간의 위대한 적응 능
력 발현이 저출산이라면 이는 문명사적 축복이라 할 만하다. 이와
극명하게 대비되는 수도권 집중과 저성장이라는 양대 악순환의
결과가 초저출산이라면 이는 망국적 재앙이다. 똑같이 저출산에서
비롯된 극과 극의 상반된 결말, 그 축복과 재앙의 경계는 어떻게
결정될까? 그것을 결정하는 지표가 부양비다. 부양비란 0~14세의

부양비

유소년인구 (0~14세)	**+**	고령인구 (65세 이상)
경제활동 가능인구 (15~64세)		

줄어드는 경제활동인구와 늘어나는 부양해야 할 고령인구

2007년　　　　　　　2020년　　　　　　　2030년

유소년인구와 65세 이상 고령인구를 더한 값을 경제활동 가능인구로 나눈 백분비(百分比: 전체 수량을 100으로 하여 그것에 대해 가지는 비율)를 말한다.

대한민국은 한때 국가 경제 발전에 투자할 만한 여력이 없었다. 높은 출산율로 인해 유소년인구가 많아져서 먹이고 입히는 데 비용이 많이 들었기 때문이다. 이에 대한 해결책은 산아 제한 정책을 통해 부양비를 낮추는 것이었다. 그러나 시대가 바뀌어 저출산·고령화 사회가 되면서 경제활동인구는 줄어들고 부양해야 할 고령인구는 갈수록 늘어나고 있다. 다시 말해, 분자는 커지는 데 반해 분모는 작아지면서 부양비가 2배 정도 빠르게 늘어나는 추세다.

수십 년 전에는 유소년인구를 산아 제한으로 줄일 수 있었지만, 현재 살아 있는 고령인구를 줄일 방법은 없다. 인위적으로 분자를 줄일 수 없다면 분모를 늘리는 방법밖에 없다. 출산율을 높임으로써 부양비를 낮추는 방향이 일반적인 저출산·고령화 시대의 인구 정책이 될 수밖에 없는 것은 그런 연유에서다.

과거에는 아이를 덜 낳으라고 했다가 이제는 더 낳으라고 하는 것을 인구 정책의 실패라고 오해하는 사람도 많다. 그런데 사실 과거의 산아 제한이나 현재의 출산율 올리기 정책은 부양비를 낮추기 위한 정책이라는 면에서 차이가 없다는 점을 이해해야 한다. 이런 맥락에서 '인구 문제의 핵심은 출산율이 아니고 부양비다'라고 말할 수 있다.

사회적 부양비를 낮추려면 어떻게 해야 할까? 결혼·임신·출산·보육·교육·주거 등 모든 면에서 효과적인 금전적, 제도적 지원을 통해 청년세대가 자녀를 더 많이 낳을 수 있도록 해야 한다. 이를 위해 정부는 2006년 시작된 저출산·고령화 대책에

대한민국 합계출산율 예상

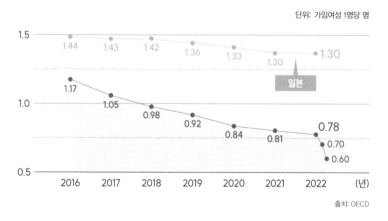

단위: 가임여성 1명당 명

일본

출처: OECD

380.5조 원이라는 천문학적 국민 세금을 투입했고, 그 후에도 매년 약 50조 원의 막대한 예산을 지출하고 있다. 그런데도 한국의 출산율은 2022년 가임 여성 1명당 합계출산율 0.78명으로 대세 하락을 지속하고 있다.

통계청 발표에 따르면, 2023년 3분기 합계출산율은 0.7명이었으며 4분기에는 0.6명대로 떨어질 것으로 예상된다. 저출산 국가의 대표 격인 일본 합계출산율 1.3명의 절반도 안 되는 수치다. 이쯤 되면 우리 정부는 지금까지의 저출산 대책이 실패였음을 인정하고 초심으로 돌아가 이제 좀 더 근본적인 대책을 세워야 하지 않을까.

빼앗긴 나라는 되찾을 수 있어도 소멸한 나라는 되찾을 수 없다

이제 초심으로 돌아가서 저출산·고령화라는 인구 문제의 본질을 생각해보자. 그리고 이 문제를 어떻게 해결해야 할지 발상의 전환을 시도하자. 출산율이 높고 사망률이 낮은 농업 사회의 삼각형(△) 인구 피라미드는 사망률이 낮고 출산율도 낮은 산업혁명 시대 이후의 역피라미드(▽) 형태를 거쳐서, 출산율도 낮고 사망률도 낮은 직사각형(□) 형태로 안정될 것으로 예측된다. 단순히 출산율 저하로 인구가 줄어들어 국가나 사회가 소멸하는 것은 아니라는 얘

| 장년층 (55~74세) | + | 노년층 (75세 이상) |

| 경제활동인구 (25~54세) |

기다.

　우리 한국 사회는 성격이 다르다. 과도기적 역피라미드 상태의 인구 구조를 국가와 사회가 지탱해낼 수 있는가가 관건이기 때문이다. 경제활동인구는 줄어들고 부양 대상 인구는 늘어나면 일하는 청년세대의 허리가 휘어지다 못해 부러지는 사태가 발생할 수 있다. 생산이 소비를 충족시킬 만큼 충분히 뒷받침되지 못하면 사회 안전망이 무너진다. 그 결과로 사회적 약자가 먼저 희생되는 등 시스템이 망가져 국가가 소멸할 위험이 있다. 이 같은 인구학적 '죽음의 계곡(valley of death)'을 보여주는 지표가 부양비다.

　오래전에 개념 정립된 부양비는 15~64세의 경제활동 가능인구 100명에 대한 0~14세 유소년인구와 65세 이상 고령인구의 비율이었다. 그러나 이는 중등교육이 의무화되고 고등교육이 보편화된 지금의 현실과는 맞지 않는 지표다. 이런 맥락에서 한국형 실질 노인부양비는 활발히 경제활동을 하는 25세에서 54세 인구 100명에 대해 그 부양 대상으로 간주되는 55~74세 장년층과 75세 이상 노년층을 합한 인구의 비율로 정의할 수 있다.

통계 자료 작성의 한계로 정밀하게 측정하기는 어렵지만, 한국형 실질 노인부양비를 최대한 합리적으로 추정해보자. 2000년까지는 3명 이상이 일해서 1명을 부양(1/3)하는 시대가 계속되었던 데 반해, 2030년 이후로는 1명이 일해서 1명을 부양(1/1)하는 시대가 될 것으로 인구학자들은 예측한다. 한 가정에서 여러 자녀가 십시일반으로 한 부모를 부양하던 것을 한 자녀가 한 부모를 떠맡는 식의 상황이 된다. 이로써 연금 불입자 수는 줄고 연금 수혜자 수는 늘어 재원이 고갈될 위험이 크다. 또한 세금 수입은 줄고 고령자나 소외 계층을 위한 복지 지출은 늘어 국가 재정이 파탄 날 위기에 처하기 쉽다. 이런 상황이 되면 전체 사회가 총체적 부도 사태를 피할 수 없게 된다. 안타깝게도, 출산율 하락 속도가 가장 빠르고 전 세계적으로 가장 낮은 합계출산율 0.7명대에 진입한 한국이 그 첫 번째 사례가 될 가능성이 높다.

빼앗긴 나라는 되찾을 수 있어도 소멸한 나라는 되찾을 수 없다. 지금 우리는 어쩌면 임진왜란이나 병자호란, 일제 강점기보다도 심각하며 역사상 가장 치명적인 위기를 맞이하고 있다고 해도 지나치지 않다. 출산율 저하로 인구가 줄어 국가가 소멸할 것이라는 단순한 산술적 논리는 경고성 메시지일 뿐이다. 이것이 실제 인구 상황과 딱 들어맞지는 않는다. 과잉인구와 과당 경쟁이 저출산의 근본 원인이므로 인구가 감소하면 출산율도 반등할 것이기 때문이다. 그러나 국가 소멸이 우리 눈앞에 닥친 현실인 이유는 노인부양비 악화가 사회체제를 붕괴시켜 국가 소멸로 이어질 수 있기 때문이다.

1990년대생 에코부머(echo-boomer)들이 출산 적령기에 접어들면 출산율이 자연스럽게 반등할 것으로 기대하는 사람들도 있다. 그러나 현재의 한국 사회 상황을 냉철히 분석해보면 이는 그야말로 대책 없는 낙관주의에서 나온 순진한 발상이라 하지 않을 수 없다. 한국전쟁 후 매년 100만 명 가까이 태어난 베이비부머의 자녀들이 가임기에 접어든다고 하더라도 그들이 전 세계적 저출산 추세 · 과당 경쟁 · 저성장이 악순환하는 사회적 현실에서 아이를 많이 낳아 저출산 추세를 반전시키기는 어렵기 때문이다. 게다가 저출산 문제를 해결하기 위한 골든타임이자 마지막 기회조차 이제 얼마 남지 않았다.

비혼이나 한 자녀 가정 같은 저출산 추세 현상이 에코부머들에게 뉴노멀(new normal) 또는 MZ세대의 문화로 자리 잡게 되면 우리는 한민족의 소멸을 걱정해야 할지 모른다. 이것은 그야말로 입에 담기조차 불편한 '레밍 신드롬(lemming syndrome: 자신의 생각 없이 남들이 하는 행태를 무작정 따라하는 집단행동 현상)'의 비극이 될 것이다.

"
늙어가는 대한민국, 정년 연장만이 답인가?
"

김태유
서울대학교 산업공학과 명예교수

합계출산율 0.7명,
해결책은 있다

저출산·고령화 문제의 해결책, '이모작 사회'

우리 대한민국 사회가 노인부양비 개선을 통해 죽음의 계곡을 뛰어넘을 방법은 있을까? 한평생 산업혁명을 중심으로 한 문명사 연구에 몰두해온 학자의 한 사람으로서 제4차 산업혁명으로 인한 생산성 향상이 노인부양비 문제를 해결할 것이라는 확신이 있었다.

그런데 여기에는 한 가지 문제가 있다. 현재 우리 사회에 제4차 산업혁명을 추진할 청년 산업 기술 인력이 턱없이 부족하다는 사실이 그것이다. 한국의 제4차 산업혁명 진행 속도로는 가파른 저출산·고령화 속도를 따라잡기 어렵다는 의미이기도 하다. 전 세계의 학자들은 현재 인류 문명이, 그리고 한국 사회가 맞닥뜨린 절체절명의 저출산·고령화 문제의 해결책을 찾아 십수 년을 모색한 끝에 발달심리학에서 실마리를 찾았다.

심리학자 레이먼드 카텔(Reymond Cattel)과 존 레너드 혼(John Lenard Horn) 등이 1963년에 발표한 연구 결과에 따르면, 인간 지능은 유동지능(fluid intelligence)과 결정지능(crystallized intelligence)으로 나뉜다. 유동지능은 추리력, 계산력, 공간지각력, 패션 감각 등 선천적으로 타고나는 능력으로, 청소년기에 급격히 향상했다가 나이가 들수록 퇴화한다. 결정지능은 축적된 지식, 이해력, 참을성, 배려심 등 후천적으로 경험과 학습을 통해 습득한 능력이다. 이 능력은 나이가 들수록 증가하여 상당 기간 높은 상태를 지속한다. 예컨대, 유동지능이 요구되는 이공계 교수의 연구 업적은 통계적으로 30대 초·중반을 정점으로 하여 하락한다. 그에 반해 결정지능이 뒷받침되어야 하는 인문계 교수의 업적은 60대가 넘어서 정점에 도달한다.

이런 맥락에서 젊어서는 유동지능이 요구되는 직업에 종사하고 나이 들어서는 결정지능이 필요한 직업을 가질 수 있다면, 이론상으로는 한평생 직업 능력의 정점을 두 번 맞이할 수 있게 된다. 여기서 문제는 피라미드형 경쟁 사회의 속성으로 인해 오직 해당 분야의 특별한 소수 능력자에게만 그런 기회가 주어진다는 사실이다.

저출산·고령화 문제를 해결하려면 우리 사회의 근로 대중이 다 함께 참여하여 자기 능력의 정점을 두 번 맞이할 수 있는 '이모작 사회(double cropping society)'를 만들기 위해 노력해야 한다. 위에 언급한 방향으로 경제활동 기간을 늘릴 수 있다면 분자에 속하는

노인부양비

기성세대 중 일부를 분모로 보내서 노인부양비를 개선할 수 있기 때문이다. 이러한 이모작 사회에서 체력과 유동지능이 요구되는 직업을 '일모작 직업', 경륜과 결정지능이 뒷받침되어야 하는 직업을 '이모작 직업'이라고 정의해보자.

현재의 일모작 사회는 초·중등 의무교육을 마친 후 전문 기능 기술 교육 및 대학 등의 직업 교육을 받고 일모작 직업에 종사하다가 은퇴하는 사회다. 그에 반해 미래의 이모작 사회는 일모작 직업 교육을 받고 일모작 직업에 종사하던 사람이 또다시 이모작 직업 교육을 받고 이모작 직업에 종사하다가 은퇴하는 사회가 될 것이다. 전 국민을 대상으로 현재 시행되는 일모작 교육과 비슷한 수준의 이모작 교육 기회를 국가와 사회가 제공해야 한다.

우리 헌법(제31조 제3, 5, 6항)에도 "국가는 평생교육을 진흥해야 한다"라고 명시되어 있고, ㄱ 운영과 제정 등에 관한 사항은 법률로 정하도록 규정하고 있다. 그러므로 이모작 교육의 법적 근거는 충분히 마련되어 있는 셈이다. 그동안 많은 나라에서 이모작 교육과 유사해 보이는 프로그램을 수없이 시도해왔다. 구체적인 예로, 싱가포르는 '평생교육 이니셔티브'라는 프로그램을 통해 고령자의 노동 경력을 높이기 위해 대학 졸업 후 20년까지 산업 관련 신기술 교육을 수강료 없이 들을 수 있도록 했다.

또한 이와 유사한 은퇴자 및 고령자의 재취업 교육은 세계 각국에서 소수 지원자를 대상으로 산발적으로 시행된다. 그러나 이런 교육 프로그램들이 실제 정규 취업으로 연결된 사례는 극히 일부에 지나지 않는다. 2022년 EBS가 방영한 프로그램 〈위대한 수업〉에 출연한 영국 런던대학교 심리학 교수 린다 그래튼(Lynda Gratton)은 '100세 시대, 어떻게 살 것인가'라는 제목의 강연에서 과거 교육·취업·은퇴의 3단계 삶이 앞으로는 70~80대까지 일하다가, 다시 교육받고 다시 취업하기를 반복하는 다단계의 삶이 될 것으로 전망했다.

그 밖에도 은퇴한 고령자들이 재교육받고 재취업하는 시대가 올 것이라는 예측이 많았다. 이런 주장과 시도는 이모작 교육을 통해 이루어지는 이모작 사회와 비슷해 보이지만, 근본적으로는 다르다. 왜냐하면 그것은 대부분 대학 등 기존 직업 교육 체제는 그대로 둔 채 취업 전선의 틈새시장을 찾아 나서기 위한 것이기 때문이다. 이 같은 땜질 처방으로는 은퇴한 고령자들이 청년들과 대등하게 경쟁하여 정규직에 취업하는 것을 기대하기는 어렵다.

이모작 사회에서 노년층의 적극적인 경제활동 참여는 왜 중요한가

이모작 사회는 세대별·직업 능력별 맞춤 교육을 통해 생애 전 주기에 걸쳐 이루어지는 일모작 교육에 의한 제4차 산업혁명 추진과 이모작 교육에 의한 부양비 개선 효과를 동시에 달성한다. 이모작 교육 비용은 당사자인 근로자와 고용주인 기업이 함께 부담해야 한다. 기업은 근로자가 은퇴하면 더 많은 청년 신입 사원을 채용할 수 있기 때문이다. 또한 자영업자나 경력 단절 여성 등의 경우 당사자와 중앙정부, 지방자치단체가 이모작 교육 비용을 부담해야 한다. 이것이 저출산·고령화로 인한 국가와 사회의 부담을 덜어주는 효과적 투자이기 때문이다.

그렇다고 해서 전 국민을 대상으로 시행하는 이모작 교육을 위해 거국적 교육 인프라를 구축하고 막대한 예산을 투입해야 한다는 의미는 아니다. 저출산으로 현재 일모작 교육의 학령 인구가 급격히 줄어들고 있으므로 향후 예상되는 유휴 시설·인력 등을 이모작 교육용으로 바꿔 사용하면 되기 때문이다. 오히려 대학의 대량 폐교 사태와 교육 인력의 대량 실업으로 비화할 심각한 사회

전체 학생 수 추이

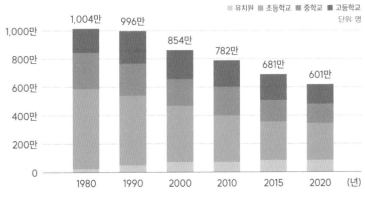

초 · 중 · 고 교사 신규채용 규모 축소안

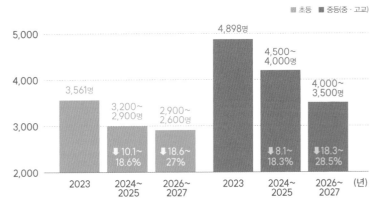

문제를 해결하는 데 도움이 될 수도 있다.

현재 일모작 직업에서 은퇴한 기성세대가 이모작 직업 수행에 필요한 능력과 자질을 갖추었다고 해서 당장 이모작 직업 영역에 진출할 수 있는 것은 아니다. 이는 당연하게도, 젊은 청년들이 이모작 직업에 뛰어들어 열심히 일하고 있기 때문이다. 현재 이모작 직업에서 일하는 청년 대다수는 유동지능이 뛰어나서 일모작 직업에 진출하면 제4차 산업혁명에 크게 기여할 수 있는 사람들이다. 그들도 나이가 들어 유동지능이 쇠퇴하고 결정지능이 향상되는 장년기에 접어들면 이모작 직업이 필요하다.

다른 한편으로 경륜과 결정지능을 갖춘, 상대적으로 젊은 고령자들이 이모작 직업에 취업할 길이 막혀 있는 것 또한 사실이다. 만약 우리가 기존의 취업 관행에서 벗어나 유동지능이 높은 청년들을 일모작 직업으로 진출시키고, 결정지능이 높은 장년층을 이모작 직업에 재취업할 수 있도록 하는 이모작 사회를 만들 수 있다면 노년부양비 문제를 근본적으로 해결할 수 있을 것이다.

물론 지금 이모작 직업에서 일하는 청년들을 일모작 직업으로 강제로 이동하게 하자는 얘기는 아니다. 그런 일은 자유민주주의 사회에서 바람직하지도 가능하지도 않다. 아직 사회에 진출하지 않은 청년들을 위한 일모작 직업 교육을 더 적극적으로 실시하고 일모작 직업에 진출할 수 있도록 경제적 · 제도적 인센티브를 제공하면 이모작 사회를 만들어갈 수 있다. 결국 이모작 사회는 당장 일하는 청년들의 사회적 부담을 덜어주고 노인 빈곤 문제까지 한

꺼번에 해결함으로써 우리 사회가 지속 가능한 미래를 향해 발전하며 나아가게 할 것이다.

이모작 사회는 우선 젊은 세대가 행복한 공동체다. 노년층의 경제활동 참여가 당장 젊은 세대의 부담을 덜어줄 뿐 아니라, 지금 일모작 직업에서 땀 흘려 일하는 청년들에게 미래에 이모작 직업과 행복한 노후를 약속해주기 때문이다. 이것이 저출산·고령화 시대의 인구 구조가 역피라미드 형태를 보이는 죽음의 계곡을 지혜롭게 극복하는, 젊은 세대와 기성세대 모두를 위한 일거양득의 해결책이 될 것으로 필자는 확신한다.

이모작 사회는
어떻게 작동하는가

유능한 고령자가 이모작 직업에 재취업하지 못하는 현실적인 이유

이상의 논의를 구체적으로 설명하면 다음과 같다. 3명의 청년이 일해서 노인 1명을 부양(노인부양비 1/3)하다가 청년 1명이 일해서 노인 1명을 부양(노인부양비 1/1)하는 구조로 바뀌는 구간이 인구학적 죽음의 계곡이다. 출산율을 증가시켜 젊은 세대의 경제활동인구를 3배 늘릴 수만 있다면 생산성 향상을 통해 1명이 3명분의 일을 해낼 수 있게 된다. 이것이 인구학적 죽음의 계곡을 극복하는 방법이자 해결책이다.

생산성 향상을 위해 하루 8시간 일하던 청년을 24시간 일하도록 하는 것은 현실적이지 않다. 그러나 다른 방법으로 생산성을 향상하는 일은 얼마든지 가능하다. 이를 단순하게 도식화하면 경제활동을 하는 청년 1명이 인공지능 로봇 2대와 함께 일하면 3명분

노년부양비 전망

65세 이상 인구 1명당 15~64세(생산연령) 인구 수

2000년대

2030년 이후

생산성 향상 도식화

노년층

경제활동 청년

인공지능

의 일을 할 수 있어 죽음의 계곡을 넘을 수 있다는 얘기다.

100세 시대를 맞이하여 부양받는 고령자 중 55세부터 74세까지의 기성세대는 과거와 달리 신체적으로 강건하다. 게다가 그들의 결정지능은 청년층이나 중년층보다 발달했다. 그러므로 그들에게 이모작 직업에서 일할 기회만 주어진다면 청·중년층 못지않게, 아니 그 이상으로 잘 해낼 수 있는 자질과 능력을 갖추고 있다.

현재 고령자들이 이모작 직업에 재취업하지 못하는 이유는 뭘까? 그들의 직업 능력이 부족해서가 아니라 과거 일모작 사회의 관행과 규정, 문화 때문이다. 관행과 규정의 문제를 예로 들어보자. 국민소득 증가와 인구 고령화로 인해 복지 업무 관련 공무원이 계속 증원되어야 하는데, 문제는 7급, 9급 실무 담당 공무원을 여전히 기존 국가공무원 채용 규정에 따라 공개 경쟁 시험을 통해서만 채용한다는 데 있다. 따라서 유동지능이 높아 시험 성적이 우수한 20대 청년들이 수백 대 일의 경쟁률을 뚫고 채용된다.

사실 복지 실무는 유동지능이 높은 청년층보다는 자녀를 키우고 가정을 꾸려본 40대 경력 단절 여성이나 50대 베이비부머 은퇴자가 훨씬 잘 해낼 수 있다. 이렇듯 시험 성적보다 세상 경험과 결정지능이 복지 업무에 더 중요한 능력임에도 국가공무원 채용 규정 때문에 그들에게 기회가 주어지지 않고 있다.

한때 지방자치단체에서 주부, 고령자 등을 대상으로 바리스타 교육을 시행하는 일이 종종 있었다. 그 교육 프로그램은 이수한 사람들이 블라인드 테스트에서 가장 맛있는 커피를 만들어낼 정도로 성공적이었다고 한다. 그러나 커피 전문점에 취업이 된 사람은 한 명도 없었다. 그 이유는 첫째, 매니저들이 나이 많은 바리스타를 채용하고 싶어 하지 않았기 때문이다. 둘째, 고객들 역시 고령의 바리스타를 선호하지 않는 경향이 있었기 때문이다.

이것은 얼마든지 극복할 수 있는 문제라고 본다. 비근한 경우로, 유럽이나 미국 등의 전통 있는 레스토랑의 예를 들어보자. 그곳에서는 고객이 인생의 연륜이 느껴지는 고령자 웨이터의 품격 높은 서비스를 선호한다는 것을 알 수 있다. 이 웨이터의 서비스가 바로 결정지능이다. 일모작 사회의 낙후한 관행과 틀(frame)을 과감히 벗어던지고 발상의 전환을 통해 진지하게 찾고자 노력하면 우리 사회의 평범한 근로 대중 대다수가 이모작 직업을 가질 수 있는 행복한 사회를 만들 방법은 얼마든지 있다.

그럼에도 저출산·고령화에 대한 이해가 부족한 사람들은 이모작 사회도 결국 더 오래 일하자는 애긴데, 정년을 법적으로 연장하면 손쉽게 해결할 수 있지 않겠냐고 반문한다. 이것은 잘못된 생각이다. 우선, 정년을 연장하면 풍선 효과로 당장 청년 실업이 늘어난다. 그리고 정년 연장은 근로자의 입장에서도 미봉책에 지나지 않는다. 그것은 세대 갈등이라는 심각한 사회 문제를 촉발할 도화선으로 작용하게 될 위험이 크다.

이모작 사회의 성공 조건

이모작 사회가 성공적으로 정착하기 위한 두 가지 전제 조건

이모작 사회가 사회 붕괴와 국가 소멸을 우려해야 할 만큼 심각한 한국 사회의 저출산·고령화 문제의 해결책이 되리라는 사실에 대해 이의를 제기하는 사람은 없다. 그러나 여전히 의문이 남는다. '과연 우리는 일모작으로 30년 동안 일하고, 또다시 이모작으로 20년간 계속 노동하며 살아야 하는가?'라는 의문이 그것이다. 또 '젊은 세대가 너도나도 일모작 직업으로 진출하면 그들이 일할 직장은 충분한가?'라는 의문도 생긴다.

위에 언급한 두 가지 의문이 풀리지 않는 한 이모작 사회는 고양이 목에 방울 달기처럼 공허한 이상론으로 그칠 가능성이 크다. 왜 그럴까? 우선, 이모작 사회가 되면 누구나 일모작 직업에서 30년 일하고, 다시 이모작 직업에서 20년 더 일해야 한다고 가정할 때 '결국 75세 노인이 될 때까지 일만 하다가 죽는 게 아닐까?' 하는 의문이 들 수밖에 없다. 2022년 한국인 남자의 기대수명은 80세 정도밖에 되지 않는다(참고로 여자는 85.6세이다). 이를 전제로 생각해보면, 늙고 병들 때까지 한평생 뼈 빠지게 일만 하다가 노후를 즐기지도 못하고 죽어야 한다는 얘기가 되는 셈이다.

과연 그럴까? 이런 생각은 과거의 일모작 사회를 기준으로 하는 오해이며 착각일 뿐이다. 왜냐하면 기대수명이란 사고·질병 등으로 단명한 사람까지 포함한 숫자이기 때문이다. 적어도 일모작 직업에서 은퇴하는 55세까지 건강하게 산 사람의 기대수명은 91.7세로, 이모작 직업에서 은퇴하는 74세 이후에도 평균 18년 정도의 인생이 남아 있는 셈이다. 게다가 많은 연구 결과에 따르면, 일하는 노인은 일하지 않는 노인보다 훨씬 건강하기 마련이다.

일모작 직업에서 30년 동안 일함으로써 부모 봉양과 자녀 양육 의무를 다한 뒤 100세 시대를 대비한 충분한 노후 자금을 저축하는 일은 불가능에 가깝다. 이모작 직업에서 50년 동안 일해야만 노후 자금으로 세계여행이든 취미 생활이든 평생 꿈꿔온 버킷 리스트를 하나하나 실행에 옮기며 여유롭고 행복한 노후를 즐길 수 있다. 그렇다고 해서 이모작 직업에서 일하는 동안 행복하지 않은 것은 당연히 아니다. 은퇴 후 아무것도 할 일이 없는 것이 불행이고, 보람을 느끼며 할 일이 있는 것 자체가 행복이기 때문이다.

이제 머지않아 주 4일 근무제가 정착될 것이다. 게다가 지금 청년층이 장년기에 접어들 즈음이면 제4차 산업혁명이 진전되어 주 3일 근무제가 일상화할 것으로 예측된다. 이는 워라벨, 즉 일과 삶의 균형 중심축이 '일하기'에서 '즐기기' 쪽으로 옮겨간다는 의미다. 제4차 산업혁명이 본격적으로 이루어지고 이모작 사회가 실현되면 일모작 30년은 육아 등 삶의 의무를 다하는 기간, 이모작 20년은 자아실현 기간, 그 이후는 휴식을 취하며 인생의 행복을 만끽하는 기간이 될 것이다.

인력 공급이 이루어져야 기업이 세워질 수 있다

토머스 모어(Thomas More)는 하루 6시간씩 일해서 잘살 수 있는 세상을 '유토피아'라고 명명했다. 우리가 기대하는 유토피아는 하루 3시간씩 일해서 행복한 노후를 즐길 수 있는 이모작 사회다. '이모작 사회에서 청년들이 일모작 직업으로 진출하도록 독려하고 인센티브를 제공할 경우, 과연 그들이 취업할 직장이 충분히 존재하는가?'라는 질문을 던져보자.

'지금도 청년 실업이 심각한 사회 문제가 되고 있지 않은가?'라는 의문을 품고 있는 사람도 많다. 국가 정책에 직간접적으로 참여하는 사람조차 대답하기 어려운 질문이다. 직장이란 영리를 목적으로 하는 기업이 고용하는 사람의 일자리다. 이런 맥락에서 공무원이나 공공기관의 고용은 기업이 창출한 이윤 일부를 세금으로 징수하여 만든 파생 고용이므로 기업 고용의 일부이지 새로운 고용 창출로 볼 수는 없다.

기업은 이집트 사막의 피라미드처럼 홀로 우뚝 설 수 있는 존재가 아니다. 이는 원료와 소재, 부품과 설비, 기술과 동력, 마케팅과 유통 등 범사회적·범세계적 협업을 통해 생성되고 소멸하는 것이다. 이처럼 수많은 생산 요소 중 상대적으로 희소성이 큰 생산 요소가 좀 더 풍부하게 공급되는 곳에 기업이 생겨나고 고용이 창출된다.

한때 값싼 노동력이 기업 생성과 고용 창출의 원인이던 시대가 있었다. 제4차 산업혁명 시대에 가장 희소한 생산 요소라면 우수한 첨단과학 기술 인력을 꼽을 수 있다. 실리콘밸리가 첨단산업의 메카로 우뚝 설 수 있었던 중요한 이유 중 하나가 전 세계의 우수한 과학 기술 인력이 모여들었기 때문이다. 이유야 어찌 됐든, 우수한 인력이 뒷받침되어야 기업이 세워질 수 있고 고용이 창출될 수 있는 것이 현실이다. '직장이 있어야 인력을 공급한다'라는 고정관념은 기업과 고용에 대한 이해 부족으로 인해 생겨나는 착각이다.

사람, 즉 인력이 먼저 공급되어야 기업이 세워질 수 있다. 고용이 늘어나고 숙련된 근로자가 증가하면 더 많은 기업이 세워지는, 기업과 고용의 선순환 시스템이 산업 생태계의 생성 원리이자 성공 비결이다. 영국에서는 인클로저(Enclosure: 13세기 영국에서 시작된, 소규모 토지를 대규모 농장에 합병하는 법률적 절차를 의미함) 운동으로 인한 노동 인력 대량 공급이 영국 산업혁명의 기반이 되었다. 그와 마찬가지로 독일, 일본, 한국 등 산업화에 성공한 나라에서는 예외 없이 인력 공급이 뒷받침되는 곳에서 고용이 창출되었다. 그와 반대로, 기업 고용이 먼저 존재하고 인력이 공급된 사례는 찾아볼 수 없다.

최근 약진하는 중국 경제도 14억 인구의 노동력이 대기하고 있었기에 세계의 공장으로, 고용 대국으로 성장할 수 있었다. 그런데 이제 단순노동 시대가 가고 첨단 기술 시대가 오고 있다. 제4차 산업혁명 시대는 우수한 산업 기술 인력이 있는 곳에 첨단 기술 벤처기업이 우후죽순처럼 생겨나고 고용이 대거 창출되는 시대다.

유동지능이 풍부한 청년층이 일모작 직업으로 대거 진출하면 더 많은 고용이 창출되어 고용과 성장이 선순환 구조를 만들어낸다. 이것이 이모작 사회가 경제 성장과 고용 창출이라는 두 마리 토끼를 동시에 잡는 비결이다. 출산율이 줄어들면 인구가 감소하겠지만, 언젠가는 출생과 사망이 균형을 이룬다.

균형을 위한 적정 인구가 얼마인가는 자연 여건과 산업 구조에 따라 다르다. 그러므로 구체적 시기나 인구 규모를 특정할 수는 없다. 제4차 산업혁명 진행 속도와 성공 여부에 따라 시기와 규모도 달라질 것이기 때문이다. 이는 우리 대한민국 역시 어떻게 하는가에 따라 달라질 수 있다는 의미이기도 하다. 한국 사회가 더 많은 인구를 포용할 수 있다면 경제 성장과 국민 행복이 선순환하는 진정한 선진국이자 강대국으로 발돋움할 수 있고, 또 그렇지 못할 수도 있다는 의미다.

결국 단순히 출산율 감소로 인구가 줄어 국가가 소멸하는 것은 아니다. 인구 피라미드가 역삼각형이 되는 죽음의 계곡에서 생겨나는 사회적 부양비 악화로 인해 젊은 세대의 허리가 휘어지다 못해 부러지고, 헐벗고 굶주린 노인들이 홀대받고 방치되는 등 사회 안전망이 무너진다. 그리고 그로 인해 국가와 사회가 총체적 소멸을 맞이할 수 있다.

제4차 산업혁명과 이모작 사회가 선순환할 때 비로소 우리가 인구학적 죽음의 계곡을 벗어나 꿈과 희망을 품으며 가정을 이룰 수 있다. 또한 육아를 시작하는 청년기, 땀 흘려 일하며 자녀 교육을 성공적으로 마치면서 내 집을 마련하고 사회적 책임과 의무도 다하는 일모작 중년기, 자아를 실현하며 노후 준비를 끝내는 이모작 장년기, 여유로운 안식으로 여생을 즐기는 노년기에 이르기까지 모든 국민, 모든 세대가 생애 전 주기에 걸쳐 행복을 누릴 수 있게 된다. 우리의 미래에 결정된 것은 아무것도 없다. 개인이든 국가든 운명이란 타고나는 것이 아니라 스스로 개척하고 만들어가는 것이기 때문이다.

[혼 see:near zone]

노시니어존

V

"
사라지고
있지만,
살아가고 있습니다
"

장기중

아주편한병원 진료원장, 아주대학교 의과대학 외래교수

노인이란
어떤 존재인가

"노인이란 어떤 존재인가?" 이 질문에 대한 대답은 사람마다 기억하는 노인의 인상적인 모습에 따라 다르지 않을까. 어떤 이는 구부정한 자세로 지팡이를 짚고 천천히 걷는 백발이 성성한 노인의 모습을 머릿속에 그릴 수 있다. 다른 이는 만성질환으로 여러 병원을 전전하며 날마다 수십 알의 약을 삼키는 노인의 모습이 떠오를 수도 있다. 또 다른 이는 '요즘 젊은것들은……'으로 시작해서 툭 하면 권위를 내세우며 훈계조로 말하는 노인이나, 공공장소에서 큰 소리로 떠들며 막무가내로 행동하는 노인을 연상할 수도 있다. 안타깝게도 오늘날 청장년층 사이에서 노인에 대한 부정적 인식이 확산하고 있다.

젊은 세대는 노인을 구체적으로 어떻게 받아들일까? 형용사 위주로 살펴본 결과, '힘든'이라고 응답한 사람이 가장 많았다고 한다. 이어서 '무식한', '나쁜', '무서운', '힘없는', '아픈' 순이었다. 주로 분노나 연민과 연관이 있는 어휘가 주를 이루었다. 이는 2021년 한국누녀학회가 '온라인상에서 공유되는 노인에 대한 사회적 인식과 태도'를 조사한 결과다.

노년층에 대한 청장년층의 복잡한 시선과 감정

두 가지 감정, 즉 분노와 연민을 통해 우리는 노년층을 바라보는 청장년층의 속내를 꿰뚫어 알아차릴 수 있다. 그들은 평생 기대며 살 수 있을 것이라고 생각했던 부모가 어느새 나이 들어 한없이 약해지고 초라해진 모습을 본다. 그럴 때 그들은 자신이 앞으로 겪게 될 노년에 대한 막연한 두려움을 느낀다. 동시에 마음속에서 노인에 대한 연민의 정이 치민다. 초고령 사회로의 급격한 진입이 삶의 불확실성을 증대시키고 두려움을 불러일으킨다. 두려움은 개인의 특수한 사회 경험과 뒤얽히면서 분노를 자극한다. 분노의 감정은 노인 혐오로 이어진다.

오늘날의 젊은 세대는 어렵게 직장에 취업한 뒤에도 고령인구를 부양해야 한다. 각종 공과금, 세금, 연금 등의 사회적 부담이 당연하다는 듯 치솟는다. 그러면서도 정작 자신은 연금 혜택을 받지 못하게 될 거라는 암울한 전망이 들려온다. 마음이 불안해진다.

노인은 약하고 소외당하는 존재이니 우리 사회가 따뜻하게 보듬어야 한다고 사람들은 말한다. 복잡한 마음은 풀리지 않고, 미묘

노인 개인 연소득 추이

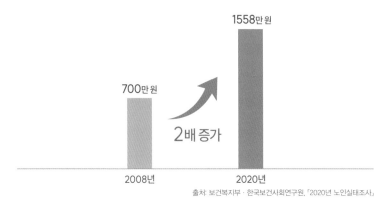

700만 원

2008년

1558만 원

2배 증가

2020년

출처: 보건복지부 · 한국보건사회연구원, 「2020년 노인실태조사」

스마트폰 보유 변화

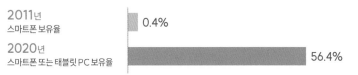

2011년
스마트폰 보유율

0.4%

2020년
스마트폰 또는 태블릿 PC 보유율

56.4%

출처: 보건복지부 · 한국보건사회연구원, 「2020년 노인실태조사」

고졸 이상의 학력자 수

2008년

17.2%

2020년

34.3%

출처: 보건복지부 · 한국보건사회연구원, 「2020년 노인실태조사」

독립적으로 생활을 영위하는 노인 가구 수

2011년

39.2%

2020년

62%

출처: 보건복지부 · 한국보건사회연구원, 「2020년 노인실태조사」

한 상황이 꼬리를 물고 이어진다. 현실의 노인 중에는 약하고 소외된 이가 많기는 하다. 그 반대로, 풍부한 인생 경험과 탄탄한 인맥, 막대한 재산을 기반으로 우리 사회의 기득권층으로 자리 잡은 노인도 많다.

2020년 기준, 보건복지부의 「노인실태조사」를 살펴보자. 2008년 대비 2020년 노인들의 소득은 2배 이상 올랐다. 스마트폰 등 정보화 기기 보유율은 2011년 0.4퍼센트에서 2020년 56.4퍼센트로 껑충 뛰어올랐다. 고졸 이상 학력자 수는 2008년 17.2퍼센트에서 2020년 34.3퍼센트로 가파르게 늘었다. 독립적으로 생활하는 노인 가구 수는 2011년 39.2퍼센트에서 2020년 62퍼센트로 큰 폭으로 상승했다. 노년층에게 일어나는 이런 변화는 그들의 사회 참여를 확대하는 한편 청장년 세대에게는 불안 요소로 작용한다. 어쩌면 우리는 있는 그대로의 노인을 바라보는 것이 아니라 두려움이 만들어낸 잔상을 보고 있는 것일지도 모른다.

우리에게 시급히 필요한 일은 '노인은 어떤 존재인가?', '노인을 어떤 관점으로 바라보아야 하는가?'에 대한 결론을 내리는 것이 아니다. 노년층의 이야기가 바로 내 부모의 이야기이며, 머지않은 미래에 나의 이야기가 된다는 사실을 받아들여야 한다. 역지사지하는 마음으로, 노인의 시선에서 세상을 바라보는 경험을 하는 일이 무엇보다 중요하다.

한 사람이 노인이 되어가는 과정, 노화를 이해하기

가장 단순하면서도 복잡한 질문을 던져보자. 노인은 과연 어떤 존재인가? 사전적으로 노인은 '나이 들어 늙은 사람'을 의미한다. 단지 나이가 많으면 노인일까? 그 나이의 기준은 어떻게 정해질까? 나이로 노인을 구분하는 기준은 의학적이라기보다는 사회적·경제적 기준이 반영된 결과다.

인류 역사상 최초로 국민노령연금 제도를 만든 인물은 누구일까? 19세기 말, 독일 재상을 지낸 비스마르크(Bismarck)다. 비스마르크는 연금을 수령하는 나이를 65세 이상으로 규정했다. 그는 노인에 대한 기준도 제시했는데, 많은 국가가 그 아이디어를 받아들여 시행하며 오늘에 이르렀다. 우리나라도 예외는 아니어서, 국민연금 수급 연령을 65세로 규정한다. 노인복지법 역시 복지 서비스 대상자를 65세 이상으로 정해놓았다. 이렇듯 100년이 넘도록 나이를 기준으로 한 노인의 정의는 거의 바뀌지 않았다.

나이를 기준으로 노인의 개념을 정의하는 것이 합당할까? 이 경우, 노인인구 집단의 다양성과 노화의 역동성을 오롯이 반영하기 어렵다는 한계가 있다. 그러므로 나이를 기준으로 노인을 정의하기보다는 한 사람이 노인이 되어가는 과정을 이해하려고 노력하는 것이 본질을 통찰하는 길일 수도 있다. '노화(aging)'를 이해하는 것이 더 중요하다는 얘기다.

복제 동물의 노화가 상대적으로 빠르게 진행되는 이유

노화는 시간의 경과에 따른 자연적인 현상으로, 태어나서 성장하고 늙어가는 과정을 의미한다. 노화는 생애 주기의 필연적인 현상이다. 영유아기부터 노년기에 이르는 동안 우리 몸은 유전과 환경의 영향을 받으며 다양한 생물학적 변화를 겪는다. 몸 안의 세포는 노화 프로그램을 탑재하고 있다. DNA에는 텔로미어(telomere)라는 조각이 있는데, 세포가 분열할 때마다 점점 짧아진다. 텔로미어가 짧아지면 노화와 관련된 세포 손상을 일으키며 사망에 이른다.

복제된 동물은 텔로미어가 짧아 노화가 상대적으로 빠르게 진행된다. 세상에 널리 알려진 복제 양 돌리가 대표적이다. 그 외에도 생물학적 노화(biological aging)의 원인은 다양하다. 세포의 에너지 동력인 미토콘드리아 기능 장애, 신경호르몬을 통한 세포 간 커뮤니케이션 변형, 세포의 노쇠함(frailty), 줄기세포 고갈 등을 꼽을 수 있다. 노화는 타고난 유전 요인뿐 아니라 환경 요인에 의해서도 영향받는다.

우리가 일상적으로 먹고 마시는 음식과 의약품, 운동 등의 생활습관은 세포 활동에 영향을 미친다. 몸속 세포 변화는 노인의 신체에도 다양한 변화를 불러온다. 노화의 과정이 구체적으로 언제부터 시작되고 어떤 속도로 진행되는지는 개인차가 크다. 다만 30대가 되면 몸속 모든 기관과 장기에서 광범위하게 노화가 진행된다는 점만은 분명하다.

한 사람의 신체 안에서 각각의 장기마다 노화 시점이 다르다는 점도 중요하다. 예를 들어 뇌는 20대, 뼈와 근육은 30대, 소화기는 50대, 간장은 70대 초반부터 노화가 시작된다고 알려져 있다. 자기 몸의 노화를 인지하지 못하는 젊은 사람의 몸에서도 노화가 진행되고 있다는 얘기다.

노화는 감각 기관의 기능을 떨어뜨린다. 40대 초반만 되어도 근거리 시력이 나빠져 노안이 온다. 그뿐만이 아니다. 색깔 분별 능력도 감퇴한다. 노인이 되면 사물을 인지할 때 색상보다 형태가 중요한 정보가 되는 것도 그래서다. 노인성 난청으로 청력이 저하되면 말을 알아듣고 반응하는 시간도 떨어질 수밖에 없다. 60대의 반응 속도는 20대보다 20퍼센트 정도 느려진다고 한다. 20~30대 청년층과 비교해 60~70대 노인층은 수분, 근육량, 무기질이 감소하고 지방은 2배 이상 증가한다.

이런 변화는 근육량을 줄여 움직임을 더디게 하고, 골량 소실로 골절 위험을 높이며, 당뇨병·고혈압 등 성인병에 영향을 미친다. 뇌와 신경계 질환에서도 변화가 나타난다. 노화가 진행됨에 따라 65세가 되면 20대와 비교해 뇌 신경세포 수와 무게가 10퍼센트 정도 감소한다. 뇌 안의 빈 곳인 뇌실이 넓어지며 인지 기능을 떨어뜨린다. 신경세포에 독성 물질이 쌓이고 활성 산소량이 증가하여 신경계가 손상된다. 이게 다가 아니다. 신경 전달 물질 생성에 관여하는 효소와 수용체가 감소하여 스트레스, 노인성 우울증에 취약해진다.

나이가 들수록 심장 근육은 두꺼워지고 심장을 뛰게 하는 신경 세포 수는 줄어든다. 이 과정에 탄력성이 감소하여 혈전 생성에 영향을 미친다. 폐에서도 변화가 나타난다. 호흡근과 횡격막이 약해지고, 폐와 혈액 사이 산소와 이산화탄소 교환 횟수가 줄어든다. 간, 신장 기능 등의 저하로 약을 대사하고 배출하는 능력이 떨어져 약물 부작용에 노출된다. 피부는 얇아지고, 탄력이 떨어지며, 건조해지고, 주름진다. 그러나 노화에 따른 생리적 변화가 곧바로 심각한 영향을 미치는 것은 아니다. 노화는 우리 몸의 자연스러운 반응이다. 노화가 진행되는 동안에도 우리는 독립적인 삶을 살 수 있다.

노년기가 되면 질병, 영양 결핍, 운동 부족, 스트레스로 인해 근력이 약해지고, 걸음걸이가 느려지며, 몸이 허약해진다. 이런 변화를 일반적인 노화와 구분하여 '노쇠'라고 부른다. 노쇠는 노화와 관련 있지만 나이가 든다고 모두 노쇠해지는 것은 아니다. 노쇠는 한 번 발생하면 되돌리기 어렵다. 노쇠해진 노인은 식욕 저하, 우울감, 인지 기능 저하, 잦은 낙상 및 골절 등을 반복하며 악순환하다가 거동할 수 없는 신세가 된다. 노인의학이 노인의 운동, 영양 관리, 만성질환 관리 등을 강조하는 것은 이런 맥락에서다.

노인의학자 몰리(John E. Morley)의 노쇠 선별 검사는 임상의학에서 자주 사용된다. 이 용어를 한국어로 번역한 한국형 노쇠 진단 척도 K-Frail의 내용을 소개하면 다음과 같다.

- 피로(Fatigue): 지난 한 달 동안 피곤하다고 느낀 적이 있습니까?
- 저항(Resistance): 다른 사람의 도움 없이 혼자 힘으로 쉬지 않고 계단 10칸을 오르기가 힘듭니까?
- 이동(Ambulation): 다른 사람의 도움 없이 300미터를 혼자서 이동하기가 힘듭니까?
- 지병(Illness): 고혈압, 당뇨병, 암, 만성 폐 질환, 심근경색 등의 만성 질환이 5개 이상입니까?
- 체중 감소(Loss of Weight): 1년 전과 비교해 체중이 5퍼센트 이상 감소했습니까?

이 중 3가지 이상 해당하면 노쇠로 진단 내릴 수 있다.

교통사고처럼 갑자기
찾아오는 노화

늙음은 '나로부터 내가 멀어지는' 충격과 공포를 경험하는 것

노화는 신체적으로만 일어나는 현상은 아니다. 나이가 들면 인지와 감정, 성격, 사회관계에도 변화가 생긴다. '역동적인 노년층 (Active senior)'이라는 단어를 붙인다고 해도 노년기는 '상실'을 기반으로 한다. 나이가 들면 체력과 건강을 잃고, 퇴직 후 사회적 지위와 수입원이 사라지고, 배우자와 친구들을 영원히 떠나보낸다. 이런 부정적인 상황들을 철저히 대비하면 상실감 없이 행복한 노년을 보낼 수 있을까?

노년층도 청장년층과 마찬가지로 재정 자립을 준비하고, 취미 생활을 즐기며, 질병에 대비하기 위해 보험에 가입한다. 그러나 현실은 녹록하지 않다. 노년층의 마음은 늘 외롭고, 자식 문제와 돈 문제로 속 썩는 일이 잦고, 주위 사람들과의 갈등으로 힘들어한다. 건강에 집착하면 할수록 부족한 자신을 한탄하거나 질투에 사로잡혀 소외를 겪기도 한다. 이는 늙음이 다가오는 방식 때문이 아닐까.

사람마다 늙음을 자각하는 방식은 제각각 다르다. 노화를 예측할 수 있다거나 나이 들면서 늙음을 자연스럽게 받아들일 준비가 된다면 노년기의 상실이 큰 충격으로 다가오지는 않을 것이다. 그러나 "늙음은 '나로부터 내가 멀어지는' 충격과 공포를 경험하는 것"이라는 한 인문학자의 말처럼, 처음 자각하는 그 순간부터 노화는 일상을 뒤흔들어 놓는다.

어느 날 문득 거울에 비친 낯선 자기 모습에서, 젊은 시절을 같이 보낸 친구의 장례식장에서, 자신의 건강 상태를 조심스럽게 전달하려 애쓰는 의사의 심각한 표정에서 사람들은 자신이 늙었음을 자각한다. 지하철 안에서 어떤 사람이 다정한 얼굴로 말을 건네며 자리를 양보할 때 고마움보다 먼저 당혹감이 엄습한다. 갑자기 노화가 찾아온 것이다.

노화에 따른 상실이 간헐적으로 일어난다면 적응할 수도 있고 별문제가 없을 것이다. 그러나 노인에게 위기는 중첩되어 닥쳐온다. 상실감을 맛보게 하는 사건이 쓰나미처럼 몰려온다. 강단 있는 노인이라도 상실감에 압도되어 좌절하기 마련이다. 이런 상황을 맞이하는 노인은 자신을 고통 속으로 몰고 갈 질문을 던진다. 예컨대 영화 〈어바웃 슈미트(About Schmidt)〉(2001)에서 잭 니컬슨(Jack Nicholson)이 연기한 주인공이 마지막에 던진 질문이 이에 해당한다. 그는 은퇴 시점에 사망한 아내의 외도 사실을 알게 된다. 딸은 시종일관 냉랭한 말과 시선으로 자신을 대한다. 공허감에 빠진 그는 "나는 도대체 무엇을 달라지게 한 거지? 나로 인해 이 세상에 무엇이 더 좋아진 거지?"라는 질문을 던진다.

자기 삶의 위안을
찾아가는 여정

'통제하고 있다는 느낌'을 갈구하는 노인

노년이 되면 다른 이들은 모두 제2의 인생을 잘 찾아가는 것처럼 보이는데, 자기만 상실과 결핍의 소용돌이에 빠진 듯 느끼기 쉽다. 심리적으로 급격한 변화를 겪는 것은 이 시점이다. 이런 상황을 맞은 노인은 배우자를 포함한 가족과 주변 사람들을 점점 더 통제하려고 든다. 사실 이는 통제한다기보다 '통제하고 있다는 느낌(sense of control)'을 갈구하는 상태라고 볼 수 있다.

통제감은 나르시시스트들이 주위 사람들을 휘두르며 쾌감을 느끼는 것과는 다르다. 이런 유형의 통제감은 노년이 되면서 흔들리기 시작한 일상에서 얼마 남지 않은 자신을 붙잡기 위한 몸부림이자 절실한 욕구에 가깝다.

연로한 어머니가 김장을 포기하지 못하는 이유

이 유형의 통제감은 평범한 일상에서도 관찰된다. 필자에게는 한 가지 걱정거리가 있다. 매년 가을을 지나 겨울이 올 때쯤이면 맞닥뜨리는 일이다. 어머니의 김장 문제다. 요즘은 누구나 마트에서 편하게 사다 먹을 수 있는 김치를 어머니는 하늘이 두 쪽 나도 직접 담그셔야 한다. 관절통과 허리 통증으로 고생하면서, 추운 날 김장 일을 강행하시는 걸 막을 길이 없다. 연약한 몸으로 마트에 가 녹슨 철제 카트를 끌고 무 세 개, 배추 한 단씩 사서 계단을 오르내리며 쉴 새 없이 나르신다. 그러다 보면, 보다 못한 주위 사람들이 도와주기도 한다. 김장을 마친 다음 날이면 어김없이 몸살을 앓으신다. 그리스 신화에 나오는 '시시포스의 바위 굴리기'를 연상케 하는 상황이 해마다 반복된다.

언젠가 한번은 침대에서 주무시다가 굴러떨어져 한쪽 얼굴에 퍼런 멍이 들 정도로 심하게 다치신 일이 있었다. 다음 날에도 어머니는 어김없이 김치를 담그셨다. 그러면서 이렇게 말씀하셨다.

"올 한 해, 내가 담가놓은 김치 덕에 다들 안심하고 지낼 수 있는 거야. 이번엔 정말 싸게 했단 말이야!"

이 노인의 고집을 누가 꺾겠는가 생각하며 체념하면서도 마음 한편이 아려오는 건 어쩔 수 없다. 쇠심줄보다 질긴 어머니의 고집

뒤에 숨은 삶을 통제하고 싶은 절실한 욕구를 엿보았기 때문이 아닐까.

통제감을 '융통성 있게' 발휘할 수 있다면 얼마나 좋을까. 그러나 어머니를 탓할 수만도 없다. 본래부터 타고난 성격을 떠나 뇌의 노화는 노인을 완고하게 만드는 경향이 있기 때문이다. 사람들이 노인들의 고집스러운 태도를 보며 연민의 정을 느끼기보다 답답함을 느끼는 것도 그런 연유에서다. 치매처럼 뇌세포 사멸로 생기는 병적 변화와 달리 정상 노화는 뇌세포 간의 연결망을 약하게 만드는 특징이 있다.

신경 연결망 약화는 뇌의 인지 처리(cognitive processing) 속도 저하로 이어진다. 기억과 관련된 해마(hippocampus)와 상황 판단 및 예측, 문제 해결 등에 중요한 전두엽(frontal lobe) 사이의 연결이 약해지면 문제는 심각해진다. 새로운 정보를 받아들이거나 그 정보를 처리하고 기억하는 속도가 떨어지기 때문이다. 젊은 사람들은 의사 결정하는 과정에 많은 정보를 받아들이고 처리하는 일에 어려움을 겪지 않는다. 그러나 노인들은 자주 어려움을 겪는다. 인지 속도가 떨어지기 때문이다. 이런 상황에서는 경험으로 얻은 정보를 이용해 추측하고 빠르게 의사 결정하는 것이 뇌의 부담을 최소화하는 효율적인 선택이 될 수 있다.

제한된 정보 안에서 익숙한 방식으로 결론을 내리다 보면 여러 가능성을 고려하여 유연하게 사고하는 능력이 감퇴할 수밖에 없다. 단순했던 상황이 복잡해지거나, 불안·분노 등의 감정에 압도

되거나, 오랫동안 고립되고 소외되어 외부의 자극을 받지 못하면 사고의 유연성은 급격히 떨어진다. 뇌 가소성(plasticity)으로 인해 사용하지 않는 연결망이 빠르게 쇠퇴하기 때문이다.

앞에서 언급한 세 가지 요인은 노인의 판단을 흐리게 하고 더욱더 자기중심적으로 변화시킬 위험이 크다. 고집불통에 이기적인 노인의 모습에는 뇌의 노화도 일정 부분 영향을 미치는 셈이다. 나이 들면서 노인의 뇌가 어떤 방식으로 작동하는지 세밀히 관찰하면 완고함 외의 다른 메시지도 읽어낼 수 있다.

상실감에 맞서서 삶의 주도권을 빼앗기지 않으려 분투하는 노인들의 마음가짐과 달리 우리 뇌는 다른 과정을 준비한다. 앞에서 언급했듯, 노인의 뇌는 다양한 정보를 탐색하여 문제를 해결하거나 새로운 상황에 대처하는 일에 초점을 맞추지 않는다. 그보다는 자신이 이미 가진 정보를 사용하여 익숙한 방식의 사고를 함으로써 문제를 풀려고 한다. 이런 노력은 인생 경험을 숙고하고, 반추하고, 활용하는 데 유용하다.

노인의 뇌는 바깥에 시선을 두지 않는다. 자기 내면을 탐색하고 삶의 의미를 찾아갈 준비를 한다. 이러한 심리 변화를 겪으며 노인은 바깥을 통제하는 일이 아닌, 자기 삶 안에서 위안을 찾기 시작한다.

노년기의 애도: 자기 삶에서 위안을 찾아가는 여정

겉으로 드러나는 노년의 삶은 고요하며 무난해 보인다. 젊은 세대의 눈에는 지루해 보이기 쉽다. 그런 순간에도 조용해 보이기만 하는 노인이 중요한 문제와 씨름하고 있다는 사실을 놓치지 않기를 바란다. 지금까지 살아온 방식으로 자신에게 닥친 노화와 상실을 통제할 수 없다는 사실을 깨닫는 순간, 노인이 선택할 수 있는 것은 한 가지뿐이다. 자기 여생에 '무엇을 채워 넣을지'가 아닌 '무엇을 어떻게 떠나보낼지'에 대한 고민이 그것이다. 이는 상실에 대한 애도(bereavement) 반응이며 자기 삶의 위안을 찾아가는 여정이다.

심리학자 에릭 에릭슨(Erik Homburger Erikson)은 상실로 시작되는 노년기를 다음과 같은 문장으로 설명했다.

"노년기는 통합(ego integrity)을 이뤄내지 못하면 현상 유지는커녕 절망(despair)이 일어나는 시기다."

에릭슨이 말하는 통합이란 자기 삶에 어떤 의미가 있는지 질문을 던지면서, 어찌할 수 없었던 일, 실수했던 일들을 받아들이려고 노력하는 것을 의미한다. 이 과정에서 노인은 스스로 잘 살고 있다는 위안을 받는다. 자기 인생을 차지하던 많은 것을 내려놓을 용기를 얻는다. 그가 어떤 인격의 사람인지, 어떤 인생을 살아왔으며,

얼마나 풍족하고 여유로운 삶을 살고 있는지에 의해서만 노년이 결정되지는 않는다. 노년의 삶은 상실과 마주하는 태도에 의해서도 좌우된다. 상실을 겪는 동안 제대로 슬퍼할 줄 아는 사람은 통합 과정에서 마음이 편안해진다.

자기중심적으로 살았거나 고독한 삶을 산 노인은 좀 더 많은 시행착오를 겪게 될 뿐이다. 어느 날 갑자기 늙음이 가져다준 3가지 통과의례를 거치는 동안 노인은 스스로 떠나보내야 할 것들의 의미를 되새긴다. 그리고 그것으로부터 자유로워지기 위한 내적 투쟁을 벌인다. 젊은 세대가 노년층의 마음에 공감하며 따뜻하게 바라봐줄 수 있다면 그보다 더 큰 응원도 없지 않을까 생각한다.

'존재하지만, 존재하지 않는' 사람이 되어 사회에서 고립되는
치매 노인

지금까지 노화 과정을 겪는 노인의 신체적 · 심리적 변화를 살
펴보았다. 우리 사회의 가장 소외된 존재이며, 극단적 상실을 겪는
노인의 마음은 어떨까? 노인이 되어 겪는 상실 중 극한의 상황은
기억을 잃는 상태, 즉 치매일 것이다. 앞에서 말한 노화 과정과 노
년의 상실에 아무리 잘 대비해도 치매라는 질병 앞에서는 두려움
을 벗어나기 어렵다. 치매는 기억력과 같은 인지 장애를 시작으로,
말기에 이르러서는 운동능력, 언어능력, 사고능력을 포함해 인간
다움이라 규정할 수 있는 대부분의 능력이 사라지는 무서운 질병
이기 때문이다.

우리는 치매에 걸린 노인과의 동행을 주장하면서, 동시에 '치매
에 걸리면 차라리 죽는 게 낫다'라는 정반대 시선을 보내기도 한

다. 이 과정에 치매 노인들은 '존재하지만, 존재하지 않는' 사람이 되어 사회에서 고립된다. 노년에 대한 두려움이 만든 진싱이 가장 극단적인 형태로 나타나는 경우다.

치매를 단순한 증상으로만 바라보는 편협한 관점에서 벗어나 그 안에서 숨 쉬며 살아가는 노인들의 모습을 차분히 들여다보려고 노력해야 한다. 이런 태도는 상실로 점철된 노년의 삶을 이해하고 공감하는 데 작은 실마리를 줄지도 모른다. 자, 이제 치매에 대한 두려움이 어디서 비롯되는지 살펴보면서 노인들 삶의 이야기에 다가가자.

중앙치매센터에 따르면, 2022년 기준 65세 이상 치매 환자 수는 93만 5,086명이다. 이는 65세 이상 전체 노인인구인 901만 545명의 10.38퍼센트를 차지하는 숫자다. 지금은 10명 중 1명 정도의

65세 이상 고령층, 치매 환자 추이

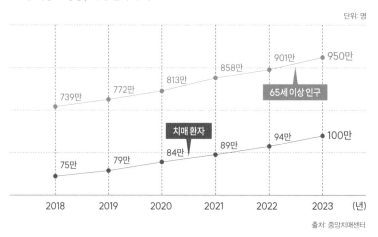

단위: 명

출처: 중앙치매센터

비율이지만, 30년 후에는 노인 6명 중 1명꼴로 치매에 걸릴 것으로 예상된다. 놀라운 수치가 아닐 수 없다. 치매의 심각성은 단순히 급격히 늘어나는 유병률에만 있지는 않다. 치매로 인해 기억을 잃는다는 것은 조용하게 이루어지던 '평범한 일상'이 어느 날 갑자기 사라진다는 의미이기 때문이다.

자리에 있어야 할 물건이 보이지 않고, 자신이 분명 마무리했다고 생각한 일인데 하지 않았다는 이야기를 듣기도 한다. 그토록 좋아하던 책을 읽어도 도무지 내용을 이해할 수가 없다. 평소 자주 사용하던 단어가 머릿속에서 맴돌 뿐 기억나지 않는다. 마트에서 물건값을 계산하는 것도 거의 불가능한 일이 된다. 여기서 끝이 아니다. 시간이 지날수록 더 큰 고통이 밀려온다. 자기 인생에서 소중한 기억들, 사랑하는 사람들과의 추억, 심지어 자기 앞에 있는 가까운 이들이 모두 낯선 사람이 되어버린다.

우리가 관계 안에서 지켜온 많은 것을 내려놓아야 하는 상황에 맞닥뜨린다. '인간다움'이라 부르는 관계, 추억, 독립적인 삶 등이 그것이다. 자기 삶을 결정할 권리 같은 것들이다. 치매는 돌봄 과정에서 가정의 붕괴를 초래하기도 한다. 실제로 최근 치매 돌봄의 극한 상황에 몰려 동반 자살을 선택하는 가족에 대한 소식이 뉴스로 전해지기도 했다.

이는 치매 가족들의 돌봄 부담을 줄이기 위한 다각적 노력이 실질적인 도움이 되지 못하는 현실이 반영된 결과다. 일례로, 미국의 치매 환자 평균 돌봄 시간은 주당 27.8시간인 데 반해, 우리나라의

치매 환자 평균 돌봄 시간(주당)

대한민국	63시간
미국	27.8시간

출처: National Alliance for Caregiving, 「Dementia Caregiving in the U.S.」(2017)

경우 여전히 주당 63시간에 달한다고 한다. 쉬는 날도 없이 거의 날마다 하루 9시간 넘게 환자를 돌보는 셈이다. 그러다 보니 치매 부양자 4명 중 1명은 실직 상태가 되고, 절반 정도는 노동 시간을 단축하게 되어 경제적 부담은 더욱 커진다.

필자가 만난 한 치매 환자의 배우자는 오랜 돌봄으로 인해 극도의 번아웃 상태에 빠져 있었다. 그는 자신이 한계에 다다랐음을 직감하고, 여기에서 벗어나기 위해 혼자만의 여행을 다녀오기로 마음을 정했다. 그러나 치매에 걸린 가족을 혼자 두고 떠난다는 죄책감으로 실행에 옮기기까지 두세 달의 시간이 걸렸다.

다른 사람들은 쉽게 떠날 수 있는 여행인데, 그녀는 그래도 괜찮은지 묻고 또 물었다. 결국 여행을 다녀온 그녀는 잘 다녀왔다는 말을 한 뒤 울음을 터뜨렸다. 필자는 그녀가 짊어지고 살아온 삶의 무게 앞에서 그 어떤 위로의 말도 건넬 수 없었다.

오랫동안 환자를 돌보다 보면 누구나 지치기 마련이다. 사회관계의 단절도 피하기 어렵다. 하루 9시간 넘게 돌봄 의무에 속박당하고, 자기 감정을 들여다볼 시간적·정신적 여유도 없어 우울증이 생긴다. 왜곡된 죄책감과 무기력, 분노의 감정이 그를 휘감는다. 그러다 보면 결국 자기가 돌보는 치매 환자와 함께 이 세상에서 사라지는 것이 가장 좋은 선택이라는 극단적 결론에 이르게 된다.

편견에 사로잡혀 치매를 '어리석음'과 연결 짓는 사람들

기억을 잃는 일에 대한 두려움은 노인에게만 찾아오는 감정이 아니다. 젊은 세대도 별반 다를 바가 없다. '영츠하이머'라는 용어를 들어본 적 있는가? 이는 물론 정식 의학용어는 아니다. '젊은(Young)'과 '알츠하이머(Alzheimer)'가 결합해 만들어진 신조어로, 젊은 나이에 겪는 심각한 건망증이나 기억력 감퇴를 의미하는 용어다.

2020년 취업 지원 기업 잡코리아가 실시한 설문 조사 결과는 흥미롭다. 이 조사에 따르면, 청년 649명 중 43.9퍼센트가 자신을 '영츠하이머'로 여겼으며, 젊은 세대 중 기억력이나 집중력 저하로 병원을 찾는 사례가 늘고 있다고 한다. 이는 뇌 기능 상실로 인해 일어나는 치매와는 다르다. 스마트폰 등 디지털 기기의 과도한 사용, 스트레스나 우울증, 음주로 인한 블랙아웃 등 뇌의 과부하로 생기는 문제일 가능성이 크다. 그런 증상을 겪는 청장년층은 자신이 젊은 나이에 치매를 앓게 되지 않을까 걱정하고 불안해한다.

두려움은 개인과 가정의 영역을 뛰어넘어 사회로 번져나간다.

과거에 '나병'이라는 이름으로 불리며 사회적으로 철저히 격리되었던 한센병이니 접촉만 해도 병균이 옮는다는 편견에 사로잡혀 모질게 차별당해온 에이즈 환자처럼 치매 환자 역시 사회적으로 낙인찍히며 고립되고 있다.

치매에 대한 가장 흔한 편견과 낙인은 뭘까? 치매를 '어리석음'과 연결 짓는 행위다. "너, 치매야?", "치매 환자처럼 행동하네?", "저 노인네, 노망났나?" 식 욕설이 난무한다. '나이 먹고 정신 못 차리는 노인', '나잇값 못하는 노인'을 뜻하는 용어로 쓰이기도 한다. 특히 선거철만 되면 상대 진영 후보자를 '치매 환자'라고 조롱하고 비난하는 음해성 발언이 어김없이 쏟아져 나온다.

최근 치매를 '인지증', '인지흐림증' 등의 병명으로 바꾸기 위한 치매관리법 개정안이 발의되었다. 치매라는 용어가 '어리석다'라는 의미를 내포하고 있기에 편견이 개입될 여지가 크기 때문이다. 이런 상황에서도 사회 지도층에 속하는 사람들이 주의를 기울이지 않는다는 것은 안타까운 일이다. 한편으로, 정치인들이 상대 당 정치인을 '치매 환자'로 몰아세우는 몰상식한 발언을 서슴지 않는 현실을 보며 우리 역시 치매 환자를 어리석은 사람으로 여기지 않았는지 돌아보게 된다.

치매는 개인을 넘어 사회 전반에 걸쳐 두려움의 대상으로 받아들여진다. 치매 환자는 죽음을 앞둔 낯선 존재로 여겨진다. 여기서 우리가 놓치지 말아야 할 것이 있다. 치매로 인해 모든 것이 사라져가는 가운데서도 끈기 있게 살아내는 그들의 존재 가치가 바로 그것이다.

이 지점에서 우리는 관점 전환을 시도해야 한다. 지금까지 치매로 인해 사라져가는 것들과 그로 인한 두려움에만 초점을 맞췄던 시선에서 벗어나 그들의 삶을 이어가게 하는 '그 무언가'에 대해 생각해봐야 한다. 여기에는 치매를 어떻게 극복할지, 치매 환자를 어떻게 돌볼지 등에 대한 지금까지의 방식과는 전혀 다른 차원의 질문과 방법이 요구된다.

기억이 사라진 자리에 남겨진 것은 무엇일까?

기억이 사라진 자리에
무엇이 남을까

〈시네마 천국〉의 주인공 토토는 왜 낡은 키스 신 필름을 보며
눈물을 흘렸을까

　치매로 인해 기억이 사라졌다고 해서 감정까지 사라진 것은 아
니다. 치매 노인의 기억을 들여다보고 있자면, 엔니오 모리코네
(Ennio Morricone)의 OST 음악과 더불어 영화 〈시네마 천국(Cinema
Paradiso)〉(1988)의 마지막 키스 신이 떠오른다. 어른이 된 주인공
살바토레 토토(자크 페랭 분)는 멘토였던 알프레도(필립 느와레 분)가
자신에게 유품으로 남긴, 서사도 없이 짜깁기된 낡은 키스 신 필름
을 보며 하염없이 눈물을 흘린다.
　그런데 참 이상하다. 영화 속 토토도, 영화를 보고 있는 우리도,
심지어 영화를 보지 않아 스토리를 모르는 사람마저 이 장면만 보
면 눈시울이 붉어진다. 과연 무엇이 보는 이를 눈물짓게 하는 걸
까? 영화의 내용 때문만은 아닐 것이다. 키스 신만 반복해서 나오

는 조각난 흑백 장면만으로는 그런 감정을 불러일으키기 어렵기 때문이다. 키스 신을 바라보는 어른이 된 토토의 표정에서, 모든 사람이 한 번쯤 경험했고 또 보편적으로 공감할 만한 가슴 뭉클한 '감정'이 엔니오 모리코네의 음악과 하나 되어 우리의 마음을 흔들기 때문이 아닐까. 다시는 돌아갈 수 없고 만날 수도 없기에 더욱 안타까운 '회한과 그리움'의 감정 말이다.

치매 노인의 기억은 조각나고 짜깁기된 상태가 된다. 병이 진행될수록 어떤 서사를 이루기 어려운 것도 그래서다. 마치 키스 장면만으로 짜깁기된 필름을 보는 것처럼 무슨 내용인지 알 수가 없다. 그들의 분열된 기억 아래에 숨은 감정을 느끼는 순간, 우리는 치매 환자가 아닌 회한과 그리움을 안고 살아온 진짜 모습을 마주하게 된다. 이는 엔니오 모리코네의 음악과 토토의 눈물이 우리의 마음 속에 뭉클함을 불러일으키는 것과 비슷한 이치다.

신경학자 안토니오 다마지오(Antonio Damasio)는 자신의 책 『느낌의 진화(The Strange Order of Things)』(2017)에서 인간의 기억 중 감정의 역할을 설명한다. 그는 마음에 흐르는 이미지들이 단지 흘러 들어갔다가 흘러 나가지 않도록 하기 위해, 즉 기억으로 남겨두기 위해 '절실하게' 감정이 수반되어야 한다고 말한다. 그는 사람들이 감정의 세계를 간과하거나 당연한 것으로 취급하는 이유를 지나치게 정상적인 느낌이 주의를 기울일 필요를 느끼지 않게 하기 때문이라고 설명한다.

다른 이미지를 부각하기 위해 생명은 자기 느낌과 감정을 그 이미지와 적극적으로 결합한다. 그런데 우리는 왜 그것을 인지하지 못할까? 이는 우리가 숨을 쉬면서도 '숨 쉬는 행동'을 인식하지 못하는 것과 같은 이치다. 숨 쉬는 행동이 생명현상에서 얼마나 중요한지를 부인하는 사람은 아무도 없다. 그런데도 그것을 너무도 당연하게 받아들여 왔기에 인지하지 못하는 것이다.

알츠하이머병에 걸린 전직 발레리나 곤살레스의 감동 스토리

누구에게나 자연스럽게 일어나야 할 감정과 이미지의 통합이 치매 환자에게는 쉽지 않다. 그로 인해 치매 환자의 뇌는 사소한 일에 강렬한 감정을 느끼거나, 반대로 중요한 일에 무관심을 보이는 등 혼란스러운 상황에 빠진다. 진료실에서 치매 환자를 진료하다가 그들의 굳은 표정에 회한, 애틋함, 고통, 슬픔과 기쁨 등의 감정이 일렁임을 발견할 때가 있다. 그때마다 필자는 그 찰나의 순간을 마음에 담아두려고 노력한다. 그 감정이 상황에 잘 맞는 감정일 때는 더욱더 깊은 관심을 가지고 관찰한다.

얼마 남지 않은 그들의 감정이라는 인간성을 지켜보며 안타깝게 여겨서도 아니고, 그들에게 동정심을 느껴서도 아니다. 조각난 기억일지라도 감정이 그들의 흐트러진 마음과 기억을 온전하게 만드는 찰나의 순간이 있다고 믿기 때문이다.

언젠가 한 치매 환자의 영상이 지상파 방송에 소개되면서 관심을 불러일으킨 적이 있다. 주인공은 마르타 C. 곤살레스(Marta C. Gonzalez)라는 사람으로, 알츠하이머병에 걸린 전직 발레리나다. 그녀는 음악 〈백조의 호수(Swan Lake)〉가 불러일으킨 감정의 일렁임을 경험하는 순간, 자기 몸이 기억하는 발레리나로서의 온전한 모습을 보여줌으로써 전 세계 시청자들의 마음을 움직였다. 놀랍게도, 이는 알츠하이머병이 많이 진행되어 그녀가 거의 모든 기억을 잃고 걷기조차 어려워진 말기 상태에서 일어난 일이다.

감정을 담당하는 변연계 중 가장 중요한 구조인 편도체와 기억을 담당하는 해마는 서로 가까이 붙어 있으며 밀접한 관련을 맺고 있다. '섬광기억'이라는 이름으로 불릴 정도로 강력한 감정은 다 죽어가는 해마를 자극해 기억을 살려내기도 한다. 우리가 감정을 '치매 환자의 마음속으로 들어가는 열쇠'라고 부르는 것은 이런 맥락에서다.

감정이 긍정적인 결과만 가져오는 것은 아니다. 부정적인 감정이 누적되면 의심, 망상, 초조, 공격성 등 '나쁜 치매' 증상의 재료가 된다. 독자 여러분도 한 번쯤 '나쁜 치매', '착한 치매'라는 말을 들어보았을 것이다. 어떤 이는 "치매면 다 같은 치매지 나쁘고 착하고가 어디 있냐?"라고 반문하기도 한다.

의학적으로, 치매의 정신행동 증상(Behavioral and Psychological Symptoms of Dementia, BPSD: 망상, 환각, 의심, 우울, 초조, 배회 등의 증상)이 동반되는 치매를 '나쁜 치매', 기억력은 떨어져도 큰 문제 없이 가족들과 같이 지낼 수 있을 정도의 상태를 '착한 치매'라고 부른

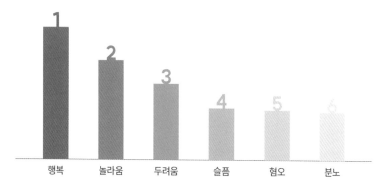

치매 환자의 감정별 인식 민감성

출처: Maki Y, Yoshida H, Yamaguchi T, Yamaguchi H. (2013). Relative preservation of the recognition of positive ficial expression "happiness" in Alzheimer disease. 〈International Psychogeriatrics〉, 25(1), 105~110. doi: 10.1017/S1041610212001482

다. 물론 나쁜 치매 증상은 주로 치매 초기 단계에서 중기로 넘어가는 시점에 나타나기에 인지 기능 악화 정도와도 밀접한 관련이 있다. 그러나 그 외에 치매 환자가 지금까지 어떤 감정을 주로 느끼며 살아왔는지도 영향을 미치는 것으로 보인다.

이 관점에서 두 가지 흥미로운 연구 결과를 소개하고자 한다. 치매 환자를 대상으로 한 일본 군마대학교의 야마구치 하루야스(山口晴保) 박사의 연구 결과에 따르면, 인간의 6가지 기본적인 감정(슬픔(sadness), 분노(anger), 놀람(surprise), 두려움(fear), 혐오(disgust), 행복(happiness)) 중 '행복'한 표정을 인식하는 능력이 다른 감정보다 잘 보존되었다고 한다.

이탈리아 골지 첸치 재단(Golgi Cenci Foundation)의 마우로 콜롬보(Mauro Colombo) 박사팀은 좀 더 심한 말기 치매 환자만을 대상으로 연구를 진행했다. 여기서도 부정적인 감정 표정보다 긍정적인 감정 표정이 더 잘 인식되었다고 한다. 그중에서도 특히 치매 환자들은 '행복'한 표정을 가장 잘 인식했다. 늙음이란 단지 나이 먹는 것에 대한 결과가 아니다. 그동안 살아온 결과라는 의미의 측면에서 되새겨 본다면, 행복한 감정을 최대한 많이 느끼며 사는 것이 노화뿐 아니라 치매에 대한 대응에서도 중요한 의미를 지닌다.

치매에 걸려도 삶은 계속된다

"선생, 죽을 때까지 둘이 같이 있게만 해줘!"

 욕구의 관점에서 바라보면, 치매는 우리에게 많은 시사점을 던져준다. 간단한 대화조차 힘들 정도로 확실한 증상을 보이는 치매 환자를 보면 누군가와의 '관계'가 의미 없는 사람처럼 보이기도 한다. 필자 역시 치매 환자와 몇 개월 동안 한마디도 제대로 이야기 나누지 못하는 경우가 많았다. 이럴 때면 마치 단단한 벽과 마주하는 것 같은 느낌을 받기도 한다. 그러나 그 증상의 이면에 숨겨진 모습을 찬찬히 따라가다 보면 변형되고 왜곡된 형태일지라도 그들의 내밀한 욕구와 마주하게 된다.

 동반 치매로 진단받은 뒤 아내를 먼저 요양원에 보낸 한 할아버지가 있었다. 얼마 후, 그 역시 치매 증상이 심해져 입원 치료를 받고 퇴원했다가 자식들과 함께 첫 외래 진료 목적으로 방문한 상황이었다. 당시 할아버지는 아내인 할머니가 있는 요양원에 입소할

예정이었다. 가족들이 모두 밖으로 나간 뒤 할아버지에게 다가가 조심스럽게 말을 걸었다. 왠지 모르게 미안하기도 하고 복잡한 감정이 생겨서였다.

가족들과 함께 있을 땐 한마디도 하지 않던 할아버지가 조용히 말했다.

"아내랑 같이 있게 해줘서 고마워! 자식들 다 소용없어. 마누라는 내가 잘 챙길 테니 걱정 말고……."

그 할아버지에게 요양원은 어쩌면 다른 사람에게 방해받지 않고 아내와 둘만의 오붓한 시간을 보낼 수 있는 특별한 장소였는지 모른다. 어쩌면 그는 자기에게 남은 '유일한 사람'을 만날 순간을 기대하고 있었던 게 아닐까. 할아버지의 다음 말에 뭔지 모를 뭉클함이 밀려왔다.

"선생, 죽을 때까지 둘이 같이 있게만 해줘!"

알랭 드 보통(Alain de Botton)은 그리스 철학자 에피쿠로스 (Epicurus)의 말을 빌려 다음과 같은 말을 남겼다.

"우리 인간은 자신을 지켜봐줄 누군가가 없다면 존재하지 않는 것이나 마찬가지다."

우리는 모두 관계 안에 있는 사람이라는 것, 계속 누군가의 옆에 있고 싶고, 없으면 그리워하는 존재라는 것. 그 욕구는 기억이 사라진 자리에도 여전히 남아 있다.

기억이 사라진 자리에 '사랑'이 남아 있을 수 있을까? 사랑하는 자식을 알아보지 못하고, 평생 살을 맞대고 살아온 배우자마저 낯선 사람으로 여겨 고래고래 소리 지르는 모습을 보고 있자면 '치매 환자가 된다는 것은 어쩌면 사랑의 감정이 남아 있지 않은 상태가 되는 게 아닐까?'라는 느낌을 받을 수도 있다. 과연 그럴까?

어느 할머니의 모습에서 필자는 사랑이란 무엇인가에 대해 다시 한번 진지하게 생각해본 적이 있었다. 치료 프로그램에 참여하던 할머니는 번번이 훤칠하게 키가 큰 할아버지 한 분만 바라보았다. 할아버지를 바라보는 할머니의 눈빛은 사랑에 빠진 사춘기 소녀의 그것처럼 반짝였다. 그렇다고 가까이 다가가서 말을 걸지도, 친한 척하지도 않았다. 그러다가 다른 할머니가 할아버지에게 말을 걸기라도 하면 앙칼진 눈빛을 하며 이렇게 중얼거렸다.

"저것이 내 남편을 홀릴 줄 알았어. 여우 같은 년!"

할아버지는 할머니의 남편이 아니다. 그저 오가며 인사를 나눌 정도의 관계일 뿐 할머니와 어떤 특별한 관계도 아니다.

할머니의 어떤 생각의 흐름이 할아버지를 남편으로 오인하게 했는지는 알 수 없다. 필자의 시선을 끈 부분은 따로 있다. 할아버지를 바라보고만 있어도 행복하고, 다른 할머니가 할아버지 곁에 있다는 이유만으로 질투하는 '생생한 감정'이 그것이다. 치매와 망상이 자신과 특별한 관계가 아닌 할아버지를 남편으로 바꿔놓기는 했으나 누군가를 사랑하는 할머니의 마음만은 오롯이 남아 있다.

"인간에게 필요한 것은 '삶의 의미'가 아니라 '의미 있다는 느낌'이다"라는 문장을 어느 책에서 읽은 기억이 있다. 인간은 누구나 본능적으로 알고 있는 게 아닐까. '사랑할 수 있다'라는 것은 '살아 있다는 느낌'과 다르지 않다는 것을 말이다. 기억이 사라진 자리에 사랑의 형태는 없어지거나 왜곡될지라도 사랑할 수 있다는 느낌만은 마지막까지 남아 있다.

인생의 태도를 오롯이 보여준 치매 노인의 마지막 한 번의 끄덕임

노년기에 맞을 수 있는 가장 큰 상실인 치매를 진단받는 맨 처음 순간을 필자는 날마다 본다. 어떤 노인은 나이 들어 그런 것뿐이라며 손사래를 치고, 어떤 노인은 애꿎은 가족에게 있는 대로 화를 낸다. 또 어떤 노인은 당황스러운 마음을 감추기 위해 조용히 설명을 듣고 있기는 해도 굳은 표정을 감추지는 못한다. 그러다가 두세 달 남짓 시간이 지나가면 각자의 방식대로 적응해 나간다.

적응이라는 단어를 썼지만 사람마다 반응은 천차만별이다. 현재 상황을 받아들이지 않고 병원을 찾지 않는 사람도 있고, 차분히 자기 인상을 지기며 새로운 삶의 목표를 세우는 사람도 있다. 위기 상황에서는 가족들의 반응도 중요하다. 그러나 더 중요한 것은 지금까지 살아오며 누적된 고통을 대하는 당사자의 태도다.

외래 진료실에 들어올 때마다 의자에 앉으며 "선생 덕분에 잘 지내!"로 시작해서, 진료를 마치고 나갈 때 "고마워!"로 마무리하는 할아버지 한 분이 있었다. 할아버지는 자신이 그동안 어떻게 지냈는지 거의 기억하지 못했다. 그러면서도 뭐가 그리도 고마운지 항상 입버릇처럼 되뇌는 인사말에 병원 사람들 모두 마음이 포근해져 친할아버지를 대하듯 꼬박꼬박 '할아버지'라고 불렀다.

중증 치매가 되면 기억이 사라지고 주위 상황에 대한 인식과 반응이 무뎌지기 마련이다. 그럼에도 한결같이 계속되는 할아버지의 '덕분에……', '고마워!'라는 표현이 주위 사람들을 기분 좋게 만들고 한겨울 들판의 모닥불처럼 주위에 머물게 했다. 가족들이 전하는 이야기로는, 치매에 걸리기 전에도 할아버지는 작은 일에 늘 감사하고 주위 사람들에게 따뜻한 말로 고마움을 표현할 줄 아는 분이었다고 한다.

최근 할아버지의 아들로부터 요양병원에 입원하기로 했다는 연락을 받았다. 기력이 급격히 떨어진 탓이었다. 요양병원에 가는 날, 병원 앞에 대기 중인 응급 후송 차량에 누워 있는 할아버지를 만났다. 아들 내외는 진료 의뢰서와 서류를 떼러 병원에 들렀다고 했다.

할아버지는 두 눈조차 뜨기 어려운 데다 숨을 가쁘게 몰아쉬고 있어 대화가 어려워 보였다. 필자가 손을 잡는 순간, 그는 미세하게 고개를 끄덕였다. 그런 다음, 아무런 반응도 보이지 않았다.

할아버지가 보여준 한 번의 힘겨운 끄덕임은 한평생 그가 견지해온 삶의 태도를 또렷이 알 수 있게 해주었다. 사람들을 만날 때마다 입버릇처럼 되뇌곤 하던 '덕분에', '고마워'라는 표현도 그런 정중한 인생 태도에서 비롯된 게 아니었을까.

우리는 '어떻게 행복하게 살까', '후회 없이 살아갈 수 있을까'에 대한 답을 쉼 없이 찾는다. 고통과 좌절로 가득하고 녹록지 않은 현실에서 어떻게 '그 좌절과 고통을 마주하며 살아가느냐'에 대한 자기만의 답을 찾아가는 과정도 중요하다. 언젠가 진료실에서 들었던 치매 노인들의 말 한마디가 떠오른다.

"지금도 그렇게 나쁘진 않아!"

필자의 눈에 비친 치매 노인들의 현실은 고통스럽고 비극적이었다. 처음에 진료실에서 그들을 만났을 때 자신의 비참한 현실을 받아들이려 하지 않을 거라 짐작했다. 그랬기에 위에 인용한 그들의 말은 들으면 들을수록 묵직한 울림으로 다가왔다.

그들의 인생이 후회 없는 여정은 아니었을 것이다. 그렇다고 고통을 극복하려는 처절한 몸부림도 아니었다. 자신의 고통을 감내하며 '살아가는 것' 자체에 목적을 둔 담백한 삶의 의지 같은 것이라고 해야 할까. 죽음과도 같은 치매를 견뎌내면서 그들은 어떤 삶의 대도가 사신에게 위안을 주는지 본능적으로 알고 있었던 것 같다.

우리는 치매 환자를 '죽음을 기다리는 사람' 정도로 생각하기 쉽다. 자신을 잃어가는 두려움이 너무도 큰 나머지 치매라는 질병만 보고, 그 안에 있는 사람을 보지 못하는 경우가 많다. 그 안을 살펴보면 치매에 걸렸어도 삶은 계속되고, 고통 속에서도 묵묵히 삶을 이어가는 옹골찬 모습을 발견할 수 있다.

그래도 삶은 지속된다

치매에 걸려 기억이 사라져도 삶이 끝나는 것은 아니다. 그런 상황에서도 아직 사랑할 수 있고, 누군가를 그리워할 수 있고, 자기 삶이 그리 나쁘지 않았다고 위안할 수 있는 모습에서 '살아 있다는 느낌'이 만들어진다. 그리고 그 느낌은 치매 환자가 삶의 고통과 좌절을 견뎌내게 하는 힘이 된다. 이는 단순히 치매 노인을 떠나 늙음을 통해 상실과 좌절을 경험하는 노인도 마찬가지다.

당신이 마주하는 노인은 자기밖에 모르는 고집스러운 사람인가? 아니면 우리 곁에 함께 부대끼며 살아가는 부모이거나, 배우자이거나, 사랑하는 친구의 얼굴인가? 노인이 된다는 것은 늙어가는 육체와 더불어 인지, 감정, 성격, 사회관계 등 인생의 모든 면에서 상실을 겪는다는 의미다.

인간은 누구나 늙는다. 모든 사람이 언젠가는 상실과 맞닥뜨린다. 그러므로 우리는 두려움이 만든 잔상이 아닌, 내 옆에서 함께 땅에 발붙이고, 같은 공기를 마시며 살아가는 한 사람의 삶을 진지하게 들여다보려고 노력해야 한다. 이런 노력은 단지 노인을 좀 더 깊이 있게 이해하는 차원을 넘어 그들의 삶과 경험에서 배우고 공감하며, 자신과 연결된 존재로 받아들일 수 있게 할 것이다. 또한 삶의 의미를 찾는 독자 여러분의 인생 여정에도 도움이 될 것으로 확신한다.

자, 다시 한번 질문을 던져보자. 당신은 노인을 어떤 존재로 생각하는가?

[老 see:near zone]

노시니어존

VI

"

인류의 중심에
노인이 있었다

"

이상희
미국 캘리포니아 리버사이드대학교 인류학과 교수

인류의 진화 과정에 노년층 비율이 점점 늘어난 이유

예로부터 많은 이들이 질병 없이 건강하게 오래 사는 삶을 갈구
해왔다. 바야흐로 사람들이 오랫동안 꿈꿔왔던 백세 시대에 접어

우리나라 65세 이상 고령인구 증가율

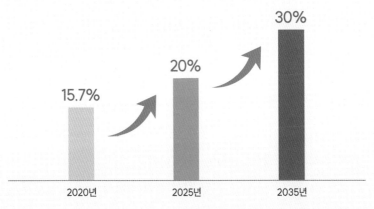

출처: "초고령사회와 의료돌봄 개혁"(《의협신문》, 2023.1.11.)

들면서 우리 사회에서는 실제로 무병장수하는 사람이 많아졌다. 그에 따라 세계인구는 점점 증가하고 노인인구 비율도 늘어난다.

몇 가지 질문을 던져보자. '노인은 왜 존재할까?', '인간의 진화 역사에서 노년층은 언제부터 등장하기 시작했을까?', '다른 영장류의 수명과 비교해 인간의 수명은 어떻게 다를까?', '인류 특유의 노화는 진화 역사 속에서 언제부터 나타나기 시작했을까?'

필자는 동료 교수 레이첼 카스파리(Rachel Caspari)와 함께 인류 진화에서 장수가 언제부터 나타났는지를 연구해왔다. 생물학에서 최대 수명은 고정된 것으로 간주한다. 노년의 진화를 연구한다는 것은 얼마나 오래 살 수 있는지, 최장 수명의 한계를 추적하는 일이 아니다. 어쩌면 얼마나 오래 살았는지는 그다지 중요한 문제가 아닐지도 모른다. 누가 최장수로 살았는지에 대한 기록보다는 더욱 많은 사람이 노인이 되도록 살아남은 인구학적인 변화에 대해 관심이 있었다. 그런데 뼈만 가지고 나이를 추정하기는 쉽지 않다.

성장이 끝나지 않은 유아·청소년의 나이는 어느 정도 추정할 수 있다. 개별적인 차이가 크지 않고, 대략 비슷한 시기에 성장 지표를 거치기 때문이다. 특히 치아가 모두 나오지 않은 개체라면 몇 살에 죽었는지 대략 알 수 있다. 그렇지만 성장이 끝난 성인이 되면 개인차가 커지게 되기 때문에 뼈로만 나이를 가늠하기는 어렵다. 실제로 사람 중에도 30대 같은 60대가 있고, 60대 같은 30대가 있듯이 화석으로 남은 개인 역시 성인의 삶에는 차이가 크므로 뼈의 생김새만 보고 나이를 추정할 수는 없다. 우리가 정확한 나이

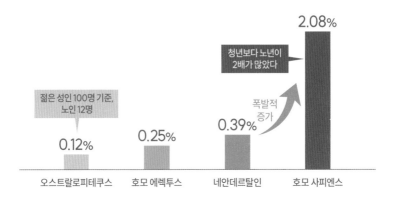

고인류별 노년층 비율

젊은 성인 100명 기준,
노인 12명

0.12%

0.25%

0.39%

청년보다 노년이
2배가 많았다

폭발적
증가

2.08%

오스트랄로피테쿠스　　호모 에렉투스　　네안데르탈인　　호모 사피엔스

대신 청년(젊은 성인)과 노인(늙은 성인)으로 구분하기로 한 것은 그런 연유에서다.

여기서 우리는 노인을 청년보다 2배 이상 오래 산 사람으로 정의했다. 예를 들어, 18세까지 성장이 끝나면 이후 청년기가 시작된다. 당시만 해도 18세의 2배인 36세는 이론적으로 조부모가 될 수 있는 나이였다.

우리는 고인류 화석을 통틀어 네 집단으로 나누어 각 집단마다 노년층의 비율을 비교했다. 오스트랄로피테쿠스, 호모 에렉투스, 네안데르탈인, 호모 사피엔스가 그것이다. 이 네 집단 각각의 노년 비율을 살펴보는 과정에서 우리는 놀라운 점을 발견했다. 그것은 바로 오스트랄로피테쿠스, 호모 에렉투스, 네안데르탈인, 호모 사피엔스를 거치면서 노년층 비율이 점점 늘어났다는 점이다.

여기서 오스트랄로피테쿠스에 해당하는 0.12라는 숫자는 젊은 성인의 12퍼센트에 해당하는 수가 노인이라는 의미다. 호모 에렉투스는 노인 비율이 0.25로, 오스트랄로피테쿠스보다 높았다. 또한 네안데르탈인의 노인 비율은 0.39로, 호모 에렉투스보다 높았다.

그런데 호모 사피엔스에 이르러서는 노인 비율이 그야말로 폭발적으로 증가한다. 이들이 살았던 시기인 약 3만 년 전에는 노인 인구가 2.08로, 청년인구보다 2배나 더 많았다. 이렇게 우리는 인류의 진화 역사에서 점점 더 많은 노인이 살아남았으며, 3만 년 전에는 노인층의 비율이 폭발적으로 증가했다는 것을 알 수 있었다. 3만 년 전에 노인층이 폭발적으로 증가하게 된 요인은 무엇이었을까?

인간의 생애 전반을 관통하는 키워드, 느림

오래 살게 된 인간이 피할 수 없는 노화는 왜 일어날까

생물학적으로 노화는 쉽게 볼 수 있는 현상이 아니다. 자연계에서 수명이 긴 종은 적지 않다. 그러나 수명이 길다고 해서 반드시 노화로 이어지는 것은 아니다. 지구상의 많은 생명체가 노화가 시작되기 전에 죽기 때문이다. 인간은 성장도 번식도 일어나지 않는 생식 후 단계가 길다. 영장류 등 비슷한 체격의 다른 포유류에 비해 성인 사망률도 낮은 편이다. 예를 들어 인간의 성인 사망률은 8년마다 2배씩 증가하는데, 쥐는 120일마다 2배씩 증가한다.

오래 살게 된 인간이 피할 수 없는 노화는 왜 일어날까? 세포 분열 횟수가 제한되어 있기 때문이라는 연구 결과가 있다. 세포가 분열할 때 유전자가 복제되는데, 세포 분열이 반복되면서 염색체 끝자락 텔로미어의 유전자가 복제되지 않고 짧아진다. 염색체는 점점 더 짧아지고, 필요한 유전자를 빠뜨린 채 복제함으로써 기능이 떨어진다. 이것이 노화의 과정이고, 결국 사망에 이른다.

인간의 노화 과정은 다른 생명체의 그것에 비해 상대적으로 느리다. 느림은 인간의 생애 전반을 관통하는 키워드다. 느리게 자라고 느리게 성숙하여 느리게 생식이 시작되고, 생식이 끝난 뒤에도 수명이 길다.

느린 삶은 노화에도 해당한다. 이는 유인원과도 다른, 인간만이 가진 특징이다. 야생 침팬지는 30대에 외형적으로 허약함과 노쇠함의 속성을 지니는 가시적인 노화 과정이 시작된다. 이 연령대에 도달한 침팬지는 급속히 노화하여 40세에 사망하는 것으로 알려졌다. 인간은 수십 년에 걸쳐 근력이 감소하는 느린 노화 과정을 밟는다. 물론 인간이 아닌 영장류의 노화 과정에 대한 비교 데이터를 통해 올바른 결론에 도달하려면 훨씬 많은 연구가 뒷받침되어야 한다.

질병이나 사고가 아닌 노화가 사망 원인이 되는 거의 유일한 생물 종(種), 인간

최대 수명은 생물학적으로 결정되며, 환경에 따라 변하지 않는다. 최대 수명을 밝히려면 어떤 개체가 가장 오래 생존하는지 관찰하면서 기록해야 하는데, 인간의 최대 수명을 관찰하기는 쉽지 않다. 왜냐하면 연구 대상이 연구자만큼 오래 살기 때문에 출생과 사망을 직접 관찰하고 기록하기 어렵기 때문이다. 결국 몇 세대에 걸쳐 축적된 출생·사망 자료를 기준으로 추측할 수밖에 없다. 오늘날 인간의 최대 수명은 115~150년으로 추정된다. 기록상 가장 오래 산 사람은 1997년에 사망한 잔 칼망(Jeanne Calment)인데, 122년을 살았다고 한다.

인간의 사망률에는 두 가지 요소가 있다. 환경으로 인한 '외인성 사망률'이 하나이고, 선천적으로 타고난 생물학적 수명 한계를 의미하는 '내인성 사망률'이 다른 하나다. 적어도 이론상으로는 외인성 사망률과 내인성 사망률에 뚜렷한 차이가 있다.

외인성 사망률은 식량 공급, 질병, 사고 등의 환경적 요인에 의해 결정된다. 현대 의학 및 공중 보건 발달로 외인성 사망률이 줄어들면서 수명이 외인성 원인보다는 내인성 원인, 즉 생물학적으로 타고난 조건에 가까워진다. 질병이나 사고가 아니라 노화가 사망 원인이 된다는 얘기다.

인류에게 '할머니'가 없었다면
'지식의 축적'도 없었다

인류 진화의 흥미로운 수수께끼, 할머니 가설

인간 장수의 한 가지 독특한 특성이 있다. 여성의 경우, 생식 후 수명 기간이 특히 길다는 점이다. 포유류에서 암컷은 생식 세포를 만드는 감수 분열 과정에 일시 정지된 상태의 난자를 가지고 태어난다. 생식기 동안 정지했던 생식 세포 분열이 모두 진행되어 난자가 만들어지고 방출되는 배란과 배란 주기가 시작된다. 월경 주기의 중단을 '완경'이라고 하며, 배란 주기를 경험하는 포유류 암컷은 충분히 오래 살면 완경을 경험하게 된다.

인간 여자도 다르지 않다. 배란을 자극할 난모 세포가 충분하지 않으면 배란 주기가 멈춘다. 그런데 여기에는 미스터리가 있다. 노화는 몸의 여러 계통에서 동시다발적으로 진행된다. 생식계, 순환계, 신경계, 근육계, 소화계 등 여러 계통의 기능이 노화한다. 인간 이외의 동물에서는 생식계의 노화와 다른 계통의 노화가 어느 정도 일치한다. 인간 남자도 마찬가지다. 그런데 인간 여자는 생식계의 노화, 즉 완경은 특정 시점에 분명하고 깔끔하게 일어나지만 다른 계통의 노화는 훨씬 나중에 진행된다.

지금까지 영장류 암컷에 대한 연구는 활발히 이루어지지 않았다. 인간도 마찬가지다. 그러던 중 최초로 야생 침팬지에서 완경을 관찰했다는 내용이 밝혀져서 큰 관심을 끌었다. 2023년 10월에 발표된 논문을 통해서였다. 침팬지의 경우 14세에 성숙하고 50세에 완경한 후 10년 정도 더 살아서, 성체의 생애사 중 20퍼센트를 완경기로 지낸다고 한다. 그에 비하면 인간은 18세에 성숙하고 50세에 완경한 후 20년 이상 더 사니까 완경기 비율이 침팬지의 2배가량인 셈이다. 이러한 연구 결과는 인간의 특별한 점을 좀 더 자세하게 드러내었다.

침팬지의 성체와 인간의 성인 생애사

출처: Brian M. Wood, Jacob D. Negrey, Janine L. Brown, Tobias Deschner, Melissa Emery Thompson, Sholly Gunter, John C. Mitani, David P. Watts, and Kevin E. Langergraber. (2023). Demographic and hormonal evidence for menopause in wild chimpanzees, 〈Science〉 382

성장도 끝났고 생식도 끝났는데, 다른 부분의 기능은 노화하지 않는 이상한 단계는 인류 진화의 수수께끼 중 하나다. 이것을 설명하는 이론으로 가장 많은 지지를 받은 이론이 '할머니 가설(Grandmother Hypothesis)'이다. 크리스틴 호크스(Kristen Hawkes) 교수가 이끄는 연구팀은 동아프리카 탄자니아 하자(Hadza)족을 연구하면서 할머니 가설을 세웠다(Hawkes, O'Connell, Blurton Jones, Alvarez, and Charnov, 1998). 진화의 맥락에서 환경의 수수께끼를 설명하기 위해서였다.

생식 후 수명 기간 연장을 설명하는 할머니 가설은 흥미롭다. 이는 인류가 완경을 지낸 다음 직접 생식에 참여하지 않고, 대신 자기 자식을 돌보는 딸을 도와 생식 적합성을 극대화했다는 가정이다. 여기서 '돕는다'라는 어휘가 반드시 아이를 돌보는 것을 의미하지는 않는다. 할머니들은 아이를 돌볼 뿐 아니라 건강한 몸으로 채집·수렵에 참여하여 집단의 경제활동에 기여한다. 할머니 가설은 완경을 완벽하게 설명하지는 못한다. 그렇기는 해도 한 가지 무리 없이 주장할 수 있는 부분은 있다.

폭발적인 정보량 증가와 노인인구 증가가 맞물리고 3세대가 동시에 사는 '세대 중첩'이 보장될수록 노인인구가 다음 세대로 정보를 전달하는 기재로서 믿음직한 구실을 한다는 점이다. 이에 노인층이 늘어나면 세대를 뛰어넘는 지식의 대물림을 보장하게 된다.

인류가 뇌를 키우는
방향으로 진화한 이유

**인간은 어떻게 가장 힘든 환경에서 가장 강력한 무기인 뇌를
발달시켰을까**

노인인구 비율이 급증한 3만 년 전, 호모 사피엔스와 연결되는
시점을 '창조 혁명'으로 부른다. 이 점이 흥미롭다. 추상적 사고와
예술적 표현으로 인지 혁명이 일어나면서 정보량이 폭발적으로
증가한다. 여기서 빠질 수 없는 것이 인간의 큰 뇌다. 인간의 몸 전
체는 배움과 가르침을 위한 기관이다. 그중에서도 뇌는 가장 중요
한 기관이다.

인간의 뇌는 크다. 인간 뇌는 평균 1,400cc의 크기로, 860억 개
의 뉴런과 850억 개의 비뉴런 세포로 구성된다. 이는 우리가 현실
적으로 이해할 수 있는 정상적인 용량을 뛰어넘는 수치다. 우리 뇌
가 항상 이렇게 큰 것은 아니었다. 최초의 인류 조상이 보여주는
뇌의 시작은 상당히 작았다.

영장류   유인원   인간

출처: 홍콩시립대학교

500만 년 전 인류 최초 조상들의 뇌 크기는 400cc로, 지금 우리 평균 뇌 크기인 1,400cc와 비교하면 정말 작다. 400cc의 크기는 성체 침팬지 뇌의 크기와 비슷하다. 400cc는 작아 보이지만, 포유류의 관점에서 보면 큰 크기다. 포유류 중에서는 영장류의 뇌가 크고, 영장류 중에서는 유인원의 뇌가 상대적으로 더 크다. 그리고 유인원 중에서는 인간이 가장 큰 뇌를 가지고 있다.

조상 인류의 뇌 크기는 시간이 지남에 따라 성장했다. 약 500만 년 전 인류 계통이 처음 등장했을 때 400cc였던 뇌 크기는 300만 년 동안 2배로 커졌다. 참고로, 200만 년 전에는 호미닌(hominin)의 뇌 크기가 900cc를 넘었다. 뇌 크기는 계속 증가하여 약 20만 년 전 네안데르탈인의 뇌 크기가 1,600cc를 넘으며 최대치에 도달했다. 사실 이것은 참으로 놀라운 부분이다.

인류 계통은 500만 년 동안 계속해서 뇌의 크기를 키웠다. 그리고 지난 200만 년 동안 속도가 더욱 빨라졌다. 이렇게 큰 뇌는 만드는 과정뿐 아니라 유지하는 과정에도 에너지가 많이 든다.

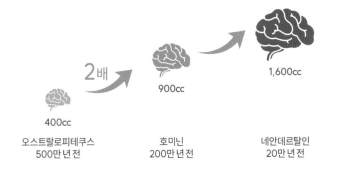

2배

1,600cc

900cc

400cc

오스트랄로피테쿠스
500만 년 전

호미닌
200만 년 전

네안데르탈인
20만 년 전

출처: cornelia blik

　우리의 뇌는 휴식 중 에너지의 20~40퍼센트를 소모한다. 휴식 중에도 뇌는 계속해서 에너지를 소모한다는 의미다. 우리는 무엇에서 에너지를 얻을까? 음식에서 얻는다. 그런데 지난 500만 년 동안 환경은 점점 악화했고 식량을 구하기가 어려워졌다.

　기후는 계속해서 추워지고 건조해졌다. 평균 온도는 차츰 내려가서 쌀쌀해진 데다 장기적으로 변동이 커졌다. 특히 지난 250만 년 동안에는 대단히 추운 빙하기와 간빙기라고 불리는 따뜻한 시기가 번갈아 가며 나타나는 놀라운 변화가 있었다. 이상하지 않은가? 인류의 조상들은 환경이 어려워졌을 때 가장 강력한 무기를 갖게 된 셈이니 말이다. 그만큼 큰 뇌가 중요해졌다는 얘기다. 어려운 환경에도 불구하고 정착하여 이를 극복하고 살아가는 데 뇌가 그만큼 유익하고 중요한 기관이었다는 의미다.

노년층을 통한 인류의 '겹치는 지식'이 은행의 복리 이자와 비슷한 까닭

인류가 그토록 큰 위험을 감수하면서까지 흡수하고 저장해야 하는 지식은 무엇이었을까? 앞에서 우리는 약 500만 년 전부터 인류 역사에서 일어난 환경 변화를 살펴보았다. 인류의 조상들은 장기간에 걸쳐 온도와 습도가 변화했을 뿐 아니라 매년 다른 계절이 나타나는 계절성을 경험하기 시작했다.

같은 장소가 1년 중 계절에 따라 완전히 다른 지역처럼 보이기도 한다. 인류 진화 역사에서 반복된 기후 변화는 극도로 다양한 환경에서 인간이 살아남은 것을 암시한다. 빙하기는 인류가 더운 기후뿐 아니라 극한의 추운 기후에서도 살아야 한다는 상황임을 의미했다. 그 과정에서 동물 사냥하기, 도구 만들기, 먹이 신호 해석하기, 식용·비식용 식물 식별하기, 마실 물 찾기 등 생존에 필요한 기술이 뒷받침되어야 했다.

한 곳에서 생존하기 위한 지식이 다른 곳이나 다른 시기에는 쓸모없을 수도 있었다. 이런 극심한 불확실성의 시기에 인간은 전 세계로 퍼져 나가 새로운 장소, 또 다른 새로운 장소, 그리고 또 다른 새로운 장소에서 살아남기 위해 끊임없이 확장해갔다. 새로운 환경에 적응하기 위해서는 지식을 축적하는 것이 무엇보다 중요했다. 이렇듯 방대한 지식은 인류의 대표적인 특징인 큰 두뇌에 정보로서 저장된다. 지식이 축적되어 후대에 전승되면서 기하급수적으로 증가하는 정보의 양에 맞춰 뇌용량 역시 증가했다.

　노년층이 증가하고 세대가 겹치면서 각 세대는 처음부터 시작하지 않고 세대를 지나 겹치는 정보를 축적해갔다. 세대가 겹친다는 것은 은행의 복리 이자와 비슷한 원리다. 사회를 떠난 지식은 존재하지 않는다는 맥락에서 그렇다는 얘기다. 인류가 축적하는 정보는 모두 사회 안에서 일어나는 것이고, 대부분 사회관계에 대한 지식이다.

　여기서 우리는 '우리가 배우고 가르치는, 그리고 다음 세대에 전달하는 방대한 양의 지식의 본질은 무엇일까?'라는 질문을 던질 수 있다. 인간은 무엇을 배우고, 또 무엇을 가르칠까? 인간이 시공간을 넘어 다른 인간에게 전달하고, 언어를 사용하고, 상징과 문자체계를 개발하여 저장하고, 또 전달하는 정보는 무엇일까? 분명한 대답은 생존 기술이다. 동물을 사냥하는 방법, 식용 식물을 채집하는 방법, 손도끼를 만드는 방법과 같은 생존 기술을 익히는 것도 중요하다. 그러나 연구에 따르면, 생존에 중요한 정보는 그것만이 아니다. 동물을 사냥하기 위해 다른 사람과 협력하고 친척이 아닌 사람에게 의지하는 능력도 그에 못지않게 중요한 생존 기술이다.

　인간의 뇌는 사회관계를 우선시하도록 진화했기에 상당히 큰 뇌와 활발한 뇌 활동이 필요하다. 실제 다른 사람들과 상호작용하고 이를 통해 얻은 경험은 사회적 지식을 축적하는 유일한 방법이며, 이것이 바로 인류가 다른 동물보다 오래 사는 이유다. 그러나 인간의 큰 뇌는 어려운 환경에서도 엄청난 양의 에너지가 필요할

뿐 아니라 치명적인 문제점을 또 하나 안겨준다.

인간에게는 느린 성장 기간이 있다. 느리게 자라고 느리게 노화하면서 수명이 늘어나는 것이다. 여기에 빠질 수 없는 것이 '큰 뇌'다. 뇌는 출생 후에도 계속 성장하면서 중요한 학습의 여정을 시작한다. 사춘기를 지나 몸이 커지기 전까지 아이들의 몸은 천천히 자란다. 아무 일도 일어나지 않는 것처럼 보인다. 우리는 이것을 '지연된 성숙'이라고 부른다.

멈춤, 소강상태의 목적은 무엇일까? 아이들이 마치 동면하는 것처럼 보일 수도 있다. 하지만 그들은 여전히 많이 먹기 때문에 어린 몸에 엄청난 양의 에너지가 필요하다. 별다른 일이 일어나지 않는 것처럼 보이는 신비로운 기간 동안 가장 중요한 성장이 일어난다. 이 시기는 매우 중요하다.

뇌에서 연결이 이루어지고, 새로운 정보가 흡수되며, 시냅스가 만들어진다. 느린 성장의 위험을 감수한 이유는 뇌를 크게 키우고 많은 것을 배우는 일이 중요하기 때문이다. 또 하나 중요한 것은 인간의 학습이 어린 시절에만 이루어지지 않는다는 점이다. 신체 성장이 끝난 후에도 학습은 멈추지 않는다. 인간의 뇌는 계속해서 연결을 구축하고 정보를 흡수한다.

사실, 진정한 학습 시기는 뇌 크기의 성장이 끝났을 때 시작된다. 필자는 우리가 가끔 잊곤 하는 지식의 한 차원을 강조하고 싶다. 인간 학습의 독특한 특징은 그것이 사회적으로 이루어진다는 점이다. 인간은 근본적으로 사회적 동물이다.

**출산의 위험을 무릅쓰고 인류가 뇌를 키우는 방향으로 진화한
이유**

인간의 큰 뇌는 형성과 유지에 비용이 많이 들 뿐 아니라 위험하
다. 위험하다는 부분을 설명하자면, 신생아는 상대적으로 큰 뇌를
가지고 태어나는데, 이는 극도로 어려운 출산으로 이어지기 쉽다.
산모가 출산 중 또는 출산 직후 사망할 수도 있기에 큰 뇌는 상당한
위험성을 안고 있다.

골반 배출구(산도)와 신생아의 머리 크기를 비교한 도표를 살펴
보자. 침팬지와 인간의 경우를 비교한 이 도표는 인류학에서 매우
유명하다. 침팬지는 산도 끝보다 머리가 작으므로 쉽게 태어날 수
있다. 그러나 인간 신생아는 산도 끝보다 큰 머리와 어깨 때문에
산도 안에서 몸을 비틀어야 한다. 이것은 인간에게 중요한 결과로
이어진다.

침팬지와 인간의 산도 비교

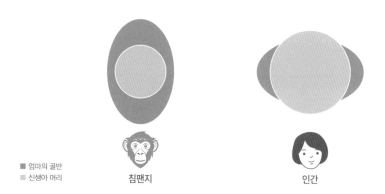

■ 엄마의 골반
▨ 신생아 머리   침팬지   인간

출처: 20T homson-Wadworth

원숭이 아기가 태어나는 장면을 보자. 아기가 태어날 때 엄마는 아기를 안아서 가슴에 보듬을 수 있다. 인간은 그렇지 않다. 산도가 작고 내부의 꼬임 때문에 인간 신생아는 몇 번 몸을 뒤틀면서 뒤쪽을 바라보고 태어난다. 인간 엄마는 원숭이 엄마처럼 아기를 잡을 수 없다. 만약 잡게 되면 아기의 목이 뒤로 꺾이면서 위험한 상황이 발생할 수 있다. 엄마가 아닌, 다른 누군가가 아기를 잡아주어야 한다는 의미다. 해산의 진통이 시작되면 다른 동물들은 혼자서 조용한 곳으로 간다. 이때 해산 중인 암컷을 방해하면 새끼를 물어 죽일 수도 있다. 그런데 인간은 진통이 시작되면 친구와 가족을 불러 함께한다. 절대로 혼자 있고 싶어 하지 않는다. 혼자 있으면 스트레스를 받아서 오히려 출산이 순조롭게 이루어지지 않을 수도 있다. 인간은 태어나는 순간부터 사회적인 존재다.

민족지학적 데이터에 따르면, 인간은 공동체로서 아기와 어린

원숭이의 출산

출처: Roenberg Karen R., and Wenda R. Trevathan, (2001), The evolution of human birth, 〈Scientific American〉 2(5):76-81

인간의 출산

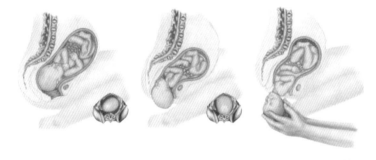

출처: Roenberg Karen R., and Wenda R. Trevathan, (2001), The evolution of human birth, 〈Scientific American〉 2(5):76-81

이를 사회적으로 돌보는 경향이 있는 것으로 나타났다. 성인, 청년, 노인, 어린이 모두가 육아 노동을 분담한다. 이러한 고도의 사회적인 환경에서 아기들은 뇌를 성장시킨다. 그리고 배운다. 아기를 돌보는 책임이 엄마에게만 있다고 주장하는 것은 왜곡된 근대성이다. 뇌는 사회적 환경, 즉 공동체가 제공하는 사회적 환경 속에서 성장을 마무리한다. 인간은 근본적으로 다른 인간과 함께하는 사회적 존재다.

세대를 연결하는
중요한 존재, 노인

그 중심에 '노인'이 있었다

인간은 다른 인간과 다음 세대에게 정보를 전달한다. 그러한 정보 전달의 가장 중요한 역할을 노년층이 전담한다. 정보의 폭발적인 증가와 세대를 통한 지식 축적은 농업과 동물의 가축화를 통해 문명이라는 형태로 계속된다. 이제 중요한 문제로 들어가자.

앞에서 필자는 인간이 사회적으로 학습하는 존재라고 이야기했다. 인간은 사회적 동물이며, 사회적으로 배우고 가르친다고도 이야기했다. 진화인류학자 로빈 던바(Robin Dunbar) 교수는 사람들이 이야기하는 대부분의 콘텐츠가 다른 사람에 관한 내용이라는 것을 발견하고 '사회적 뇌 가설'을 제안했다. 사회적 뇌 가설에 따르면, 큰 두뇌는 사회적인 관계를 유지하기 위해서 상대방에 대한 정보를 축적하고, 그때그때 사회적 관계에 따라 응용할 수 있는 능력을 위해 필요하다. 이 가설은 집단 규모와 뇌 크기 사이에 관찰된

관계를 통해 입증되었다.

영장류 30종을 대상으로 한 이 가설에 따르면 몸집이 클수록 뇌 크기가 커지고, 규모가 더 큰 집단에서 살수록 뇌의 크기가 커진다. 인간 뇌의 많은 부분은 이러한 사회적 관계와 관련이 있다. 다시 말해, 인간 뇌의 중요한 영역은 얼굴 인식, 공감, 연민, 언어 등에 관한 부분이다. 모두 사회와 밀접한 관련을 맺고 있는 부분이다.

우리는 학교에서 무언가를 배운다. 수학, 글쓰기, 읽기, 코딩을 배우고 인생의 중요한 질문을 이해하기 위해 학교에 간다. 가장 중요한 것은 친구를 사귀고 사회관계를 탐색하는 방법을 배운다는 점이다. 말하자면, 다른 사람들과 함께 사는 법을 배우는 것이다. 우리 교육의 핵심과 목적이 여기에 있다.

뇌의 기능-사회적 관계

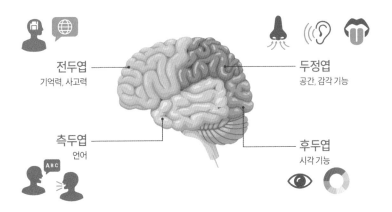

많은 친구를 사귀는 것은 인류의 독특한 특징이며, 인간의 사회 관계는 낯선 사람들과의 관계다. 인간 이외 동물의 사회 집단은 친족관계와 공유 유전자를 기반으로 한다. 그에 반해 인간의 사회 집단은 사회관계에 기반한다. 그러나 반드시 유전적 관련성이 있는 것은 아니다. 지금 독자 여러분이 앉아 있는 곳을 둘러보라. 옆에 친족이 몇 명이나 있는가?

1908년 프랑스 남부 라샤펠오생(La Chapelle-aix-Saints)에서 약 60세로 추정되는 네안데르탈인의 무덤이 발견됐다. '라샤펠의 늙은이'라고 불리는 이 무덤의 주인공은 연구 결과 치아가 거의 다 빠져 있었고, 심한 관절염을 앓았던 것으로 밝혀졌다. 이가 다 빠져 제대로 먹지도 못하고 심한 관절염으로 움직이는 것조차 힘들었을 노인이 어떻게 아픈 몸으로 오래 살 수 있었을까? 그것은 바로 인간만이 가진 심리적 특성인 이타성 덕분이다.

인간은 다른 인간과의 관계 속에서 살아가는 존재다. 스스로 생존할 수 있는 능력을 상실한 노인까지 돌봐주었던 가족과 동료들이 있었기에 라샤펠의 늙은이는 생존할 수 있었다. 또 다른 네안데르탈인 샤니다르 1호의 화석에서는 젊은 시절 심한 상처를 입은 흔적이 발견되었다. 크게 다친 동료를 죽게 내버려두지 않고 부러진 뼈가 아물 때까지 돌봐주었던 네안데르탈인의 사회성에서 인류가 끈질기게 살아남은 원동력 중 하나가 공동체 의식과 관계 의식이었음을 알 수 있다.

우리는 다른 사람에 대해 이해하고, 다른 사람과 함께 사는 법

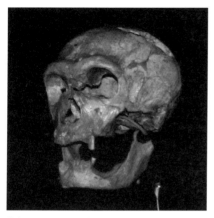
네안데르탈인의 유골(라샤펠의 늙은이)

을 배우기 위해 살아간다. 노인은 이러한 관계의 정보 축적과 전달의 측면에서 중요한 역할을 한다. 관계란 누적된 시간이 필수적인 요소이기 때문이다. 사람과의 관계는 단축키를 누르고 속성으로 배울 수 있는 지식이 아니다. 필자는 인간 학습은 평생에 걸쳐 이루어진다는 점과 사회적으로 학습하며 더불어 사는 법을 배운다는 점이 인간 학습의 두 가지 중요한 특징임을 강조했다.

큰 뇌와 느린 성장, 긴 평균수명을 통해 전달되는 지식과 정보는 '다른 인간과 더불어 사는 법'을 배우는 것이다. 한발 더 나아가 인간 이외의 다른 생명체와 함께 사는 법도 배우는 것이며, 생명체가 아닌 존재와도 어우러져 살아가는 법을 배우는 것이다. 심지어 우리는 챗GPT와도 공존해야 한다. 우리 인간에게는 모두가 평생 학습자다. 그러므로 사회적으로 학습해야 하고, 서로에 대해 배워야 한다. 그 중심에 관계망에 관한 정보와 지식을 축적하여 전달하고 가르칠 수 있는 '노인'이 자리하고 있다.

인류의 진화 역사가 노년에 대해 시사하는 것은 무엇일까? 필

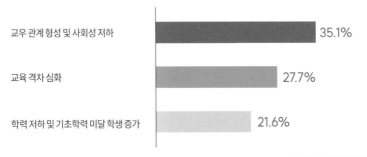

코로나19 팬데믹으로 공교육이 봉착한 가장 심각한 문제

교우 관계 형성 및 사회성 저하	35.1%
교육 격차 심화	27.7%
학력 저하 및 기초학력 미달 학생 증가	21.6%

출처: 한국교원단체총연합회

자는 사람다움을 만들어내는 진화의 특징인 '큰 뇌'와 '노년층의 증가'가 또 다른 인간의 특징인 함께 살기와 떼려야 뗄 수 없는 관계라는 것을 언급했다. 큰 뇌가 학습에 중요한 역할을 하며 이때 이루어지는 학습이 사회적으로 진행된다는 것을, 또한 함께 살아가기 위해 생존에 대한 정보만큼이나 관계에 대한 정보가 중요하다는 점을 이야기했다.

코로나19 팬데믹으로 인해 학교가 온라인·원격 수업으로 전환되면서 학생들은 고립되었다. 그들은 다른 사람과 함께 배우고, 다른 사람에 대해 배울 기회, 다른 사람과 더불어 살아가는 것에 대해 배울 기회를 잃은 셈이다. 배움이란 우리가 정보를 얻는 방법의 하나다. 이제는 이 정보를 인터넷 검색이나 챗GPT를 통해 쉽게 얻을 수 있으므로 노인이 가진 정보가 더 이상 중요하지 않다고 여긴다. 그러나 사회적 관계 정보를 가진 핵심 존재는 여전히 노인이다. 노인은 세대를 연결하는 존재다. 우리의 미래는 아이들이 아니고, 우리 모두다. 서로 연결되고, 서로 보듬어 안고 돌봄으로써 인간이 인간다울 수 있기 때문이다. 인류는 그렇게 흘러왔고, 그 중심에 노인이 있었다.

"

초고령화 사회의
문턱에 선 대한민국은
어디로 가는가

"

남궁은하

이화여자대학교 사회복지학과 교수

통계로 보는
대한민국 고령화 사회의 현실

사회복지학에서 통계가 중요한 이유

이 장의 주제는 '통계로 보는 대한민국 고령화 사회의 현실'이다. 여기서 잠시 고령화 현황을 파악하고 이해하기 위해 다양한 통계 자료를 인용할까 한다. 이렇게 얘기하면 '사회복지학에서 왜 통계를?' 하며 의아해하는 독자가 있을지 모르겠다. 사회복지(social welfare)라는 용어는 사회(social)와 복지(wel-fare)의 합성어다. 다시 말해 사회복지란 국가 · 지역 · 집단 등 사회 전반과 구성원의 건강과 안녕을 보장하기 위한 조직적이고 체계적인 노력을 의미한다. 국가와 지방정부는 다양한 복지 정책을 수립하고, 복지기관과 지역단체는 이를 바탕으로 건강 · 돌봄 · 소득 · 주거 등 여러 영역에서 서비스를 제공한다.

통계는 이러한 일련의 '정책 수립-수행-평가' 과정에 모든 사회 구성원이 충분한 권리를 누리며 지내는지, 그렇지 못한 구성원이 있는지 등을 파악할 때 효과적이다. 이렇듯 사회 문제 해결 방향을 모색하는 과정에서 객관적 수치로 사회 현상을 파악하는 통계를 사용한다.

이제 다양한 통계 자료를 통해 한국의 고령화 면모를 여러 측면에서 살펴보자. 통계는 복합적이고 거시적인 사회 현상을 몇몇 수치로 집약하는 과정이다. 그러므로 수치를 끌어내는 과정이 과학적이고 체계적이지 않다면 객관성과 정확성을 담보하기 어렵다.

객관성과 정확성이 인정되거나 눈으로 확인할 수 있는 통계 자료를 인용하는 것이 중요하다. 필자는 되도록 정부나 국가의 연구 기관에서 수행하거나 인정하는 통계 자료를 중심으로 이야기해 보려고 한다. 또한 다른 나라와 비교하여 지금의 한국 현실이 어떠한지 살펴보기 위해 OECD, UN 등 국제기구의 통계 자료도 함께 제시하고자 한다.

고령화 사회에서 초고령화 사회로의 진입이 세계에서 가장 빠른 한국

먼저, 인구 고령화(population aging) 문제를 빼놓을 수 없을 것 같다. 한국은 전 세계적으로 유례없는 속도로 인구 고령화가 진행되는 나라다. 인구 고령화는 개인 고령화의 사회적 결과다. 개인 고령화란 의학 발달에 따른 사망률 저하, 보건위생과 생활환경 개선

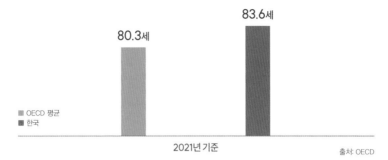

OECD 회원국과 대한민국 인구의 기대수명

80.3세

83.6세

■ OECD 평균
■ 한국

2021년 기준

출처: OECD

2023년 65세 이상 노인인구 수

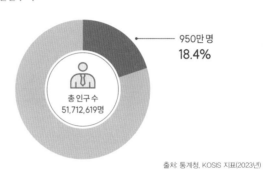

950만 명
18.4%

총 인구 수
51,712,619명

출처: 통계청, KOSIS 지표(2023년)

대한민국 노인인구 비율 추이

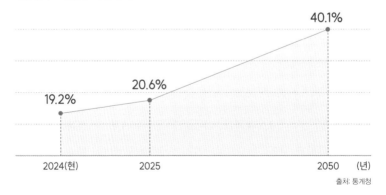

40.1%

20.6%

19.2%

2024(현)   2025   2050   (년)

출처: 통계청

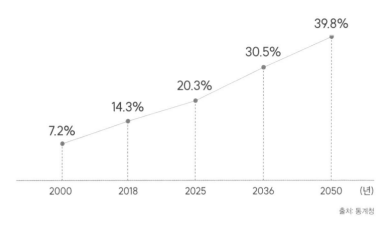

출처: 통계청

으로 수명이 연장되면서 개인 생애에서 노년기가 길어지는 현상을 의미한다.

한국인의 기대수명은 2021년 기준 83.6세로, OECD 평균 80.3세보다 3.3년 길다. OECD 회원국 중에서는 세 번째로 기대수명이 긴 것으로 나타났다. 즉, 65세 이후를 노년기로 본다면 개별 한국인의 삶에서 노년기는 전체 생애 주기의 약 5분의 1에 이른다.

인구 고령화로 인해 노인인구의 절대적인 수와 더불어 비율도 증가한다. 통계청 자료에 따르면, 2023년 기준 65세 이상 노인인구는 950만 명으로 전체 인구의 18.4퍼센트를 차지한다. 노인인구 비율은 2025년 20.6퍼센트, 2050년에는 40.1퍼센트까지 증가할 것으로 예상된다.

일반적으로 한 사회의 고령화 수준은 전체 인구 중 65세 이상 노인인구 비율로 규정되는데, 노인인구 비율이 7퍼센트 이상인 사회를 고령화 사회(aging society), 14퍼센트 이상인 사회를 고령 사회(aged society), 20퍼센트 이상인 사회를 초고령화 사회(super-aged society)로 규정한다. 이 기준에 따라 한국은 2025년부터 초고령화 사회에 진입할 것으로 예측된다.

초고령화 사회로 진입하는 데 어느 정도 시간이 걸릴지 살펴보면, 다른 주요국들과 비교하여 한국의 고령화 속도가 얼마나 빠른지 실감할 수 있다. 구체적으로, 고령 사회에서 초고령화 사회로 진입하기까지 일본은 11년 걸렸다. 프랑스는 29년, 독일은 36년, 스웨덴은 48년이 걸렸다. 그에 비해 한국은 2018년에 처음으로 고령 사회로 진입했으며, 학자들은 2025년 초고령화 사회에 진입할 것으로 전망한다. 고령 사회부터 초고령화 사회까지의 진입 기간이 7년밖에 걸리지 않는다는 얘기다.

고대로부터 사람들은 장수를 축복으로 여겼다. 오래 사는 일은 모든 이가 염원하던 복이었다. 그러나 장수가 인생의 축복으로만 여겨지지 않는 사회가 오고 있다. 고령화가 개인과 사회의 엄청난 부담으로 다가오는 것이 현실이다.

이런 현실은 늘어나는 노인인구가 가족 내 부양과 세대 간 관계 등의 개인 영역부터 고용 · 임금 시장 · 주거 · 사회보장 · 보건 의료 시스템 등 다양한 사회경제 영역에 미치는 부정적인 영향을 일부 반영한다. 그러나 인구 고령화에 대한 다른 주장도 있다.

2017년 기준 UN의 인구 보고서에 따르면, 개인의 노령화와 인구 고령화는 우리 사회의 새로운 위험 요인이 되고 있다. 그럼에도 불구하고 올바른 방향의 포괄적 정책과 제도로 풀어간다면 개인과 사회의 새로운 도전이며 오히려 좋은 기회로 작용할 수 있다고 보고서는 주장한다.

그렇다면 우리 사회에서는 노년기를 잘 보낼 수 있는 정책과 제도가 제대로 운용되고 있을까? 현재 한국의 노인은 어떻게 살아왔으며, 또 어떻게 살아가고 있을까? 아직 노년기에 접어들지 않은 사람들은 자기 미래인 노년기가 어떠할 것으로 예상할까? 우리는 어떻게 하면 건강하고 행복하게 인생 후반기를 보낼 수 있을까?

한국 사회 노년층의
과거와 현재 그리고 미래

**한 사람의 삶 속에 일제 강점기의 잔흔부터 인공지능 기술의
일상화까지**

현재 한국 노인의 삶의 양태를 정확히 파악하려면 그들이 살아
온 역사적 · 경제적 · 정치적 배경에 대한 이해가 선행되어야 한다.
생애 주기 관점(life course perspectives)이 이러한 이해의 필요성을 잘
보여준다. 생애 주기 관점에 따르면, 한 개인의 생리적 · 발달심리
적 · 사회관계적 역할과 상태 변화는 가족 · 집단 · 지역 사회의 거
시적으로 변화하는 환경과 상호작용하며 전 생애에 걸쳐 누적되
어 나타난다.

오늘날의 노년층이 살아온 한국의 근현대사는 일제 강점기라
는 아픈 경험에서부터 시작한다. 1945년 독립 이후에도 한국전쟁
의 상처를 경험하고, 외국 원조를 통해 삶을 꾸려나가야 할 만큼
국가적 · 개인적 경제가 취약했던 시기를 그들은 오롯이 경험했다.

1960년대부터 1990년대 중반까지의 주된 사회 이슈는 '민주화'와 '경제 발전'이었다. 당시는 급격한 경제 발전과 사회구조 변화, 민주화를 위한 끊임없는 논의가 사회적으로 이루어지던 시기였다.

그 후 1997년 IMF 경제위기와 더불어 빈곤이나 실업이 개인 문제가 아닌 사회구조적 문제일 수 있다는 인식이 커졌다. 당시 대한민국은 사회보장 제도와 복지 정책이 급격히 확대되는 시기를 맞이한다. 2000년대 이후에는 개인용 컴퓨터, 인터넷, 정보통신기술(ICT)로 대표되는 제3차 산업혁명, 그리고 디지털혁명 · 빅데이터 · 인공지능 등 새로운 기술혁신이 주도하는 제4차 산업혁명까지 도래한다. 한 사람의 삶 속에 근대화 이전 일제 강점기의 잔흔(殘痕)부터 인공지능 기술의 일상화까지 모두 담겨 있다는 사실이 놀랍기만 하다.

이러한 사회적 · 경제적 · 문화적 측면에서의 급격한 변화는 대한민국 노인 삶의 양식과 가치관이 세대별로 다양할 수 있음을 시사한다. 예를 들어, 1955년부터 1963년에 출생한 인구 집단을 '베이비부머 세대'라고 부른다. 이 세대는 한국의 산업화를 이끈 주역으로, 이전 세대 노인들과 비교해 사회경제적 수준이 높은 편이다. 그들은 임금노동자로서 중산층이라는 정체성이 높아 노년기에도 교육 · 여가활동 · 경제활동에 활발히 참여하고자 하는 것으로 나타났다. 반면, 기대수명 연장과 함께 80세, 85세 이상의 후기 고령 노인의 증가가 빠르게 진행된다. 향후 이들을 위한 의료와 요양 서비스, 다양한 복지 프로그램에 대한 필요성과 중요성도 높아진다.

한국 사회의 노년층은 왜 이토록 가난한가

　이러한 노인인구 집단 내 다양성에도 불구하고 평균적인 한국
노인의 삶의 현실이 녹록지 않음을 다양한 통계로 확인할 수 있다.
　대한민국 노인의 소득 빈곤율은 OECD 국가 중 최고 수준이다.
소득 빈곤율이란 평균 소득이 빈곤 기준선인 가처분 중위 소득의
50퍼센트 미만인 인구 비율이다. 2020년 기준, 한국의 66세 이상
노인인구의 소득 빈곤율은 40.4퍼센트에 이른다. 즉, 한국의 노인
10명 중 4명은 빈곤하다는 의미다.
　이는 OECD 회원국 평균인 14.2퍼센트보다 3배 가까이 높은

OECD 회원국의 노인 소득 빈곤율

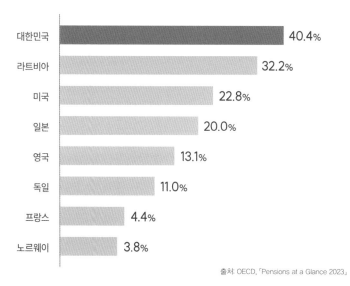

출처: OECD, 「Pensions at a Glance 2023」

수준이며, OECD 회원국 중 노인 빈곤율이 40퍼센트가 넘는 국가로는 한국이 유일하다. 외국의 경우, 평균적으로 생애 주기별 빈곤율이 비교적 평탄하게 분포되어 있다. 그러나 한국은 2015년 조사 결과, 근로 연령층(26~65세)과 퇴직 연령층(66세 이상)의 빈곤율 차이는 5.4로, 노년층이 청장년층보다 5.4배나 더 가난한 것으로 나타났다. 이는 OECD 국가 중 가장 큰 연령별 빈곤율 차이다. 즉, 한국에서 노인은 절대적 빈곤에 처해 있을 뿐 아니라 다른 연령층과 비교해 상대적으로도 상당한 빈곤 위험에 노출되어 있음을 보여준다.

한국 사회의 노년층은 어쩌다 이렇게 가난하게 되었을까? 무엇보다 사회구조적 측면에서 원인을 파악할 수 있다. 앞서 살펴본 대로, 한국의 근현대사에서 경제적으로 어느 정도 풍족했던 시기는 매우 근래에 시작되었다. 또한, 경제적으로 급성장하던 시기에도 당장 눈앞에서 이루어지는 성장에 집중하다 보니 은퇴 이후 소득 보장을 위한 사회적 · 정책적 노력은 강조되지 않았다.

노년기에는 주된 일자리에서 은퇴하면서 노동 소득 외 다른 소득원이 있어야 한다. 노령연금은 노년기 주요 소득원의 하나로 알려져 있다. 예전에는 자녀나 기타 가족이 노년이 된 부모를 경제적으로 부양해야 한다는 전통적인 인식이 강했다. 요즘에는 이러한 가족 부양 인식이 약해지면서 노후 소득 보장에 있어 연금의 중요성은 더욱 커졌다고 볼 수 있다. 하지만 현재 국민연금 · 공무원연금 · 사학연금 등 공적연금을 받는 사람은 전체 노인인구의 절반

이 조금 넘는 선에 그친다. 특히, 2022년 기준 여성 노인의 공적연금 수급률은 44.0퍼센트로, 남성 노인 77.7퍼센트의 절반 수준에 그친다. 게다가 전(全) 국민 연금 제도는 1999년이 되어서야 시작되었기 때문에 연금에 가입한 지 20년 이상 되어 꽤 괜찮은 수준의 연금을 매월 받을 수 있는 노인 비율은 전체 노인의 5퍼센트에도 미치지 못한다.

한 개인의 전체 연금 가입 기간 평균 소득 대비 연금으로 받는 금액을 '연금의 소득 대체율'이라고 한다. 2022년 연금 제도 기준으로 OECD 회원국의 평균 연금 소득 대체율은 61퍼센트다. 반면, 한국의 연금 소득 대체율은 38퍼센트 수준에 머문다. 이는 리투아니아, 호주, 에스토니아와 더불어 OECD 국가 중 최저 수준의 연금 대체율이다. 즉, 노후 소득 보장에 있어서 연금이 중요함에도 현재 연금액은 대다수 노인에게 충분히 제공되지 못하고 있다.

정부는 2014년 7월, 만 65세 이상 노인 중 가구의 소득 인정액이 일정 기준 이하인 노인을 대상으로 월 (단위) 소득 보조금을 지급하는 노인 기초연금 제도를 도입했다. 또한 2023년 기준 월 최대 32만 원을 기초연금으로 지급하는 등 노인 소득을 보장하기 위한 정책을 마련하기 위해 노력했다. 이러한 노력 덕분에 우리나라 노인 빈곤율은 점점 감소하는 추세로 돌아섰지만, 여전히 많은 노인이 경제적 어려움을 벗어나지 못하는 실정이다.

한국의 비교적 빠른 주된 일자리 은퇴 연령도 노년기 빈곤의 이유로 꼽을 수 있다. 통계청 「경제활동인구조사」의 2021년 자료에

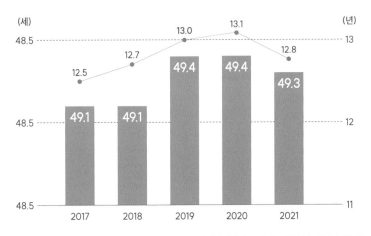

55~64세 연령층의 주된 일자리 퇴직 동향

근속 기간 ● 퇴직 연령 ■

출처: 통계청, 「경제활동인구조사」 중 고령층 부가조사(매년 5월 기준)

따르면, 55세에서 64세가 주된 일자리 또는 가장 오랜 기간 종사한 일자리에서 퇴직한 나이는 평균 49.3세다. 법정 정년인 60세, 국민연금 수령이 가능한 65세보다 10년 이상 이른 시기다.

퇴직 사유로도 비자발적 조기 퇴직이 41.3퍼센트로 가장 많았다. 정년퇴직 비중은 9.6퍼센트에 머문 것으로 나타난다. 계속 일할 수 있거나 일하기를 원함에도 상당수가 50세도 되기 전 주된 일자리에서 퇴직한다는 얘기다. 주된 일자리에서 원치 않게 퇴직하는 일과 생계비 마련의 필요성으로 노인들은 다른 일자리를 찾아 계속 일할 수밖에 없다.

한국의 2022년 65세 이상 고용률은 36.2퍼센트로, 지난 10년간

6.1퍼센트포인트 상승했다. 이는 OECD 회원국 중 가장 높은 수준이다. OECD 회원국 중 30퍼센트를 상회하는 고령자 고용률을 보이는 국가로는 한국이 유일하다.

OECD 회원국의 경우, 노년기 소득의 25.8퍼센트가 임금 소득이다. 그에 반해 한국인의 임금 소득은 노년기 전체 소득의 52퍼센트를 차지한다. 노후 소득 충당을 위해 많은 노인이 경제활동을 이어가는 것으로 볼 수 있다. 2022년 기준 OECD 보고서 역시 "한국 노인은 공적연금과 그 밖의 공적 소득 보장 제도의 미비로 인해 노동 시장으로 내몰릴 수밖에 없다"라고 이야기한다.

노년기의 경제활동을 부정적으로만 볼 수는 없다. 55~79세 고령자를 대상으로 장래에 일하기를 원하는지와 그 이유를 조사한 결과 62.4퍼센트가 일하기를 원한다고 응답했다. 일하기를 희망하는 응답자의 34.4퍼센트는 '일하기가 즐겁기 때문'이라고 밝혔다. 하지만 무려 58.3퍼센트에 달하는 많은 수의 노인이 '경제적 필요' 때문에 경제활동에 참여하고 있다고 응답했다. 이들이 참여하는 노동 시장의 특성은 연령과 성별에 기반한 임금 격차가 심화한 양상을 띤다. 주로 임시직, 일용직과 같이 비호의적 여건의 일자리를 감수하고 있다는 점을 고려할 필요가 있다.

2014년 통계청이 발표한 고령자 통계에 따르면, 전체 임금근로자의 평균 월 급여를 100으로 놓았을 때 55세 이상 임금근로자의 월 급여는 93.1 수준에 머물렀다. 남성 노인은 104.8, 여성 노인은 61.2 수준으로 여성 노인의 경우 특히 낮은 임금 수준을 보였다.

연령별로도 60세 이상의 평균 급여 수준은 80.7에 머물렀으며, 나이가 많아질수록 평균 급여 수준도 낮아지는 경향을 보였다.

다른 연령층에 비해 계획성이 강한 한국 노년층의 자살

높은 노인 빈곤율과 더불어 한국 노인의 녹록지 않은 삶을 보여주는 또 다른 지표로 노인 자살률을 꼽을 수 있다. 한국의 높은 자살률은 어제오늘의 일은 아니다. 한국은 OECD 연령 표준화 자살률 부문에서 2003년 이후 2016년, 2017년 두 해를 제외하고 매년 1위를 차지했다. 2020년에는 인구 10만 명당 24.1명이 극단적 선택으로 세상을 떠난 것으로 나타났다. 이렇듯 전 연령대에서 높은 자살률을 보이는 한국에서도 노인 자살률은 더욱 두드러진다.

한국에서는 해마다 65세 이상 노인 3,500여 명이 스스로 목숨을 끊고 생을 마감한다. 2023년 기준 인구 10만 명당 노인 자살률은 39.9명으로, OECD 회원국 중 가장 높은 수준이다. OECD 평균 17.2명의 2배를 넘는 수치다. 특히, 80세 이상 자살률은 60.6명에 이를 정도로 높게 나타났다.

한국의 노인 자살률은 왜 이렇게 높은 걸까? 연구 결과에 따르면, 노인 자살의 경우 스트레스에 대한 충동적·즉각적 반응이라기보다는 만성적으로 존재하는 문제와 더불어 스트레스를 극대화하는 사건이 더해지면서 복합적 요인에 의해 자살을 선택하는

노인이 자살을 생각하는 주된 이유

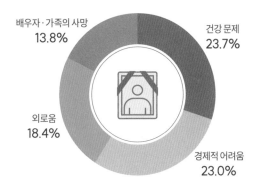

배우자·가족의 사망
13.8%

건강 문제
23.7%

외로움
18.4%

경제적 어려움
23.0%

출처: 보건복지부 · 한국보건사회연구원, 「2020년 노인실태조사」

경우가 많다고 한다. 또한 타 연령층보다 계획적인 경향이 훨씬 강하다.

노인들은 상대적으로 오랫동안 죽음에 대해 생각한다. 자살을 치밀하게 계획한 다음, 곧바로 실행에 옮기는 경향이 있다. 외국 학자들의 연구 결과에 따르면, 타 연령층보다 노년층은 자살 시도 횟수가 적다고 한다. 자살에 성공하는 비율 또한 비교적 높은 것으로 나타났다.

지난 2021년 6월 보건복지부가 발표한 「2020년 노인실태조사」에 따르면, 노인이 자살을 생각하는 주된 이유는 '건강 문제'(23.7 퍼센트)와 '경제적 어려움'(23.0퍼센트)이었다. 그밖에 '외로움'이라고 응답한 비율이 18.4퍼센트였다. 또한 '배우자나 가족의 사망'이 13.8퍼센트의 응답률을 보였다.

유형별 구성비 전망

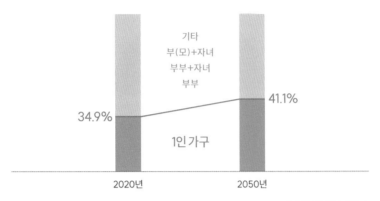

기타
부(모)+자녀
부부+자녀
부부

34.9%

41.1%

1인 가구

2020년 2050년

출처: 통계청, 「장래가구추계」

2017년 61세 이상 자살 사례들에 대해 동기별로 분석한 결과에서도 육체적 질병 문제가 45.5퍼센트로 가장 높은 비중을 보였다. 정신적·정신과적 문제는 29.9퍼센트, 경제생활 문제는 9.6퍼센트를 차지했다. 이렇듯 신체적·정신적 건강 문제, 경제적 어려움, 사회적 단절이 자살 생각이나 시도의 주요 원인으로 나타났다.

정신적인 문제 중에서도 기분 장애, 특히 우울증은 직접적인 자살 원인으로 꼽힌다. 외국 학자들의 연구에 따르면, 자살로 사망한 노인의 54퍼센트에서 87퍼센트가 주요 우울 장애를 가지고 있었다고 한다. 그밖에 치매도 노년기의 자살 위험성을 높인다고 알려져 있다. 특히 치매를 진단받은 후 자살 위험이 증가한다는 연구 결과가 나오기도 했다.

여기에 더해 외로움과 같은 정서적인 어려움도 생각해볼 수 있다. 노년기에는 배우자와의 사별, 갑작스러운 은퇴 등으로 기존에 맺고 있던 가족·이웃·사회관계가 축소되면서 외로움과 소외를 더욱 크게 느낄 수 있다. 노인 개인이 경험하는 정서적 어려움은 사회적으로도 주목받고 있다. 이는 부분적으로 1인 고령가구의 증가와 연관이 있다.

통계청의「장래가구추계」에 따르면, 가구주 연령이 65세 이상인 고령가구를 기준으로 2020년 1인 가구는 34.9퍼센트를 차지했다. 2050년에는 41.1퍼센트로 증가하여 10가구 중 4가구 이상의 고령가구가 1인 가구일 것으로 전망된다. 1인 가구는 동거인이 없기에 적극적으로 비동거 가족이나 지역 사회 구성원과 소통하지 않으면 사회적으로 소외되고 외로움을 느끼기 쉽다.

신체 질환과 기능적 어려움도 노인 자살과 관련된 주요 스트레스 원인이다. 질병에 대한 두려움, 질병 경과에 대한 불안, 질병으로 인한 심각한 통증 등이 신체 질환과 자살 위험성 간의 관계를 설명해준다. 기능 손상 역시 자살 위험성을 높일 수 있다. 혼자 밥 먹기, 화장실 이용하기, 걷기 등 일상생활을 꾸려가는 데 필요한 다양한 능력에 제한이 생기면서 노인은 독립성과 자율성을 잃을 것을 두려워한다. 그로 인해 자신이 가족에게 짐이 되지 않을까 염려하여 자살을 시도하는 일이 늘어날 가능성이 있다.

이처럼 노인 자살의 주요 원인을 고려했을 때, 노인 자살을 예방하고 행복한 노년기 삶을 위해서는 노년층이 적정한 소득과 건강을 유지하면서 사회에서 자기 역할을 다할 수 있게 해야 한다.

가족과 이웃, 지역 사회와 관계를 유의미하게 유지할 때, 즉 인간다운 삶을 살 수 있을 때 노인의 인생이 자살로 귀결될 위험성이 낮아진다는 얘기다.

그런데 한국의 높은 노인 자살률의 원인을 설명하며 한 가지 짚고 넘어갈 부분이 있다. 신체 질환·우울증·외로움은 한국 노인뿐 아니라 다른 나라의 노인도 비슷하게 경험하는 문제라는 점이다. 따라서 유독 높은 한국의 노인 자살률이 오로지 노인 빈곤율 때문이라는 설명으로는 부족해 보인다. 그렇다면 한국의 높은 노인 자살률의 또 다른 원인은 무엇일까? 이러한 측면에서 학자들은 자살의 사회문화적 요인을 연구하기도 했다. 노화와 노인에 대한 사회문화적 태도도 자살에 영향을 끼칠 수 있다는 얘기다. 국가별 노인에 대한 태도와 노인 자살률을 비교 분석한 연구에 따르면, 노년층에 대한 다른 세대의 긍정적인 태도는 낮은 자살률과 밀접한 상관관계를 보였다. 즉, 사회적 흐름으로 자리 잡은 노인에 대한 존중과 긍정적인 태도는 노년층이 현실에서 극심한 스트레스 상황에 직면하더라도 죽음만이 해답이 아니라 좀 더 나은 대안을 찾을 수 있다는 인식을 심어주는 데 도움을 줄 수 있다는 의미다.

노인 혐오와 노인 소외가
갈수록 심해지는 현대 디지털 사회

그렇다면 한국 사회에서 노인들은 사회의 일원으로 충분히 존중받고, 환대받고 있을까? 최소한 몇 가지 상황에서는 그렇지 않은 것 같다. 세대 갈등에 관한 2020년 한국보건사회연구원의 조사 결과를 보면, 대한민국 성인의 82.1퍼센트가 노인인구 증가로 부양 부담이 증가한다고 인식한다. 전체 응답자의 50퍼센트 이상이 고령 근로자가 기업·사회 생산성에 부정적인 영향을 준다고 응답하기도 했다.

65세 이상 노년층 지하철 무임승차 정책의 긍정적인 면과 부정적인 면

젊은 세대의 노년층에 대한 반감과 혐오는 노인이 개인이나 사회의 관점에서 경제적인 부담이라고 인식될 때 더 두드러지게 나타나는 것으로 보인다. 지하철 무임승차에 대한 최근 사회의 논의는 노년층에 대한 반감과 혐오를 보여주는 대표적인 사례다. 만 65세 이상 노인이 받는 지하철 무료 이용 혜택은 실생활에서 체감할 수 있는 대표적인 노인 복지 정책의 하나다. 노년층의 최소 이동권을 보장해주자는 취지에서 1980년부터 만 70세 이상 노인들에게 요금의 50퍼센트를 할인해주다가, 1984년부터는 만 65세 이상 노인들에게 100퍼센트 요금을 면제해주는 정책이다.

65세 이상 노인들의 지하철 무료 이용 혜택은 지하철의 막대한 적자 운영을 이유로 대중교통 요금이 인상되면서 사회의 화두로 떠올랐다. 코로나19 팬데믹 확산 이후 감염병에 대한 우려, 재택근무 활성화 등의 영향으로 대중교통 이용량이 급감했다. 거리두기 해제 이후에도 아직 이전의 이용객 규모를 회복하지는 못했다고 한다. 반면, 고령인구 증가와 함께 무료 이용 혜택을 받는 승객의 비율이 늘어나면서 지하철 적자 운영과 운임 상승 원인을 무임승차 고령인구라고 보게 된 것이다.

서울교통공사는 무임승차자들이 정상적으로 비용을 지불했다면 2021년 한 해에만 2311억 원의 이익을 더 거둘 수 있었을 것으로 본다. 현재는 서울시 등 지방자치단체에서 대중교통 운영비를 감당하고 있는데, 지방자치단체들은 이 비용을 지방이 아닌 국가가 져야 한다고 주장한다. 비용 부담이 점점 커지다 보니, 무임승차를 할 수 있는 나이를 70세 등으로 상향해야 한다는 주장도 나온다.

반면, 65세 이상 지하철 무료 이용은 복지 정책이므로 '적자'로 보기보다 '투자'로 보아야 한다는 의견도 있다. 무임 수송이 노인의 이동권을 보장하고, 외부 여가활동·경제활동을 할 수 있는 기회를 제공하여 자살률과 우울증을 낮출 수 있다. 이는 결국 복지 예산 절감에도 기여할 수 있다는 논리다. 서울연구원은 한국교통연구원의 무임승차 제도 비용편익분석을 인용해 노인 무임 수송의 효과가 비용보다 60~80퍼센트 크다고 추정한다. 물가 상승률을 적용해 환산한 2020년 지하철 무임승차 제도의 편익은 3650억 원에 달하는 것으로 나타났다.

대중교통의 효율적 운영을 위한 심층 연구, 다양한 의견 개진과 건설적 토의는 필요하다고 본다. 다만, 지하철 무임승차 제도가 젊은 세대의 노년층에 대한 반감과 세대 간 갈등을 키우는 방향으로 이슈화되는 것은 아닌지 우려된다. 그와 함께 노년층 중 많은 이에게 월 7만 5,000원(1,250원×2번×30일)의 혜택이 이동권을 보장하고, 삶의 질 향상을 위해 중요한 역할을 할 수 있음을 기억해야 한다.

디지털 시대에 더욱 심각해지는 노인 소외

디지털 시대를 맞아 세대 간 격차와 노인 소외 현상은 점점 심화하는 양상을 보인다. 젊은 세대는 노년층을 비롯한 기성세대와 달리 어린 시절부터 스마트폰, 태블릿 등 디지털 기기와 소셜미디어를 익숙하게 사용해왔다. 그러므로 디지털 기기에 대한 친근감과 사용 능력 면에서 젊은 세대와 기성세대의 차이는 클 수밖에 없다.

디지털 정보격차(digital divide)는 이러한 다양한 사회 집단 간 정보통신 기술에 대한 접근, 이용 또는 영향이 불균등하게 분배되는 현상을 의미한다. 대한민국 정부에서는 디지털 기기와 인터넷 접근이 수월한지(접근성), 모바일 스마트 기기와 PC를 다양한 방면에서 활용할 수 있는 능력이 있는지(역량)를 평가하고 해당 지수를 산출한다. 그리고 실제 얼마나 사용하고 있는지(활용)를 종합적으로 판단하여 디지털 정보격차 수준을 파악한다.

그 결과, 2022년 기준 일반 국민의 디지털 정보화 수준의 측면에서 일반 국민 대비 고령층 비율은 69.9퍼센트에 머무는 것으로 나타났다. 특히 디지털 역량 및 활용 능력은 고령층의 경우 54.5퍼센트로, 일반 국민의 절반 수준인 것으로 조사됐다. 최근 디지털 기술 활용이 일상생활의 편의를 높여주는 단계를 넘어 생존을 위한 필수 조건이 되고 있다. 이런 상황에서 노인들이 직면하는 디지털 정보격차 문제는 불편함을 넘어 불이익으로 다가온다. 아니, 일상적 삶의 위기로까지 느껴질 정도다.

2022년 통계청의 「노년층의 금융거래 불편함을 돈으로 환산한 다면」이라는 제목의 보고서를 살펴보자. 노년층의 70퍼센트는 은행 지점을 방문하여 직접 대면으로 은행 업무를 처리하는 것을 선호한다고 응답했다. 반면, 인터넷뱅킹이 활성화하면서 은행 지점과 출장소는 급격히 감소하는 것으로 나타났다. 금융감독원 금융정보통계시스템에 의하면, 2022년 9월 말 기준 5대 시중은행(KB국민, 신한, 우리, 하나, SC제일은행)의 지점과 출장소 수는 전국 3,072개로, 2020년 동기 대비 544개가 감소한 것으로 조사되었다. 전체 지점 및 출장소의 15퍼센트가 2년 만에 문을 닫았다.

그러나 인터넷뱅킹을 사용할 수 있는 고령층의 비율은 높지 않다. 2022년 기준, 50대는 58.4퍼센트, 60대는 19.9퍼센트로 조사됐다. 반면 70대는 1.8퍼센트로, 60대 이후 사용 가능 비율이 급감하는 경향을 보인다. 따라서 지점 폐쇄 등으로 은행 업무의 대면 서비스 접근성이 떨어진다면 고령층은 금융·경제활동 분야에서 위축되고 소외될 수밖에 없다.

식당, 매장, 터미널 등 일상 소비생활에서 흔히 접할 수 있게 된 키오스크·비대면 주문 및 구매 방식은 빠르고 편리하며 인건비 절감 등 많은 장점이 있다. 하지만 상대적으로 활용 능력이나 정보가 취약한 고령층은 편하게 이용하기 쉽지 않아 위축감과 소외감을 느낄 수 있다. 과학기술정보방송통신위원회가 밝힌 내용에 따르면 민간 분야 키오스크는 2019년 8,587대에서 2021년 2만

6,574대로, 2년 사이 약 3배나 늘어났다. 하지만 이러한 증가세와 달리 노녀층에게 키오스크 사용은 여전히 부담스럽기만 하다.

전국 노인 1만여 명을 대상으로 실시한 보건복지부의 「노인실태조사」 결과, 65세 이상 노인 중 58.1퍼센트가 키오스크를 통해 식당 주문을 해본 적이 있다고 응답했다. 그리고 이들 중 64.2퍼센트가 키오스크 이용이 불편했다고 대답했다. 키오스크 사용은 불편함과 부담감이라는 감정을 넘어 실제 고령층의 일상생활을 어렵게 한다. 2020년 9월 한국소비자원이 발표한 「키오스크 관찰조사」의 결과에 의하면 키오스크를 처음 이용해본 70대 이상 노인 5명 중 3명은 결국 키오스크를 이용해 버스표를 구매하는 데 실패했다. 또한 패스트푸드 매장의 키오스크를 이용한 노인 이용자 10명 중 5명은 결국 주문을 완료하지 못했다.

현재 50~60대 초반인 중년 성인의 경우, 70대 이상보다는 디지털 기기 사용 경험과 활용 능력 수준이 높은 것으로 알려져 있다. 따라서 시대가 흘러 지금의 중년 성인이 노년기에 진입하며 겪는 디지털 정보격차 현상은 다소 완화될 수도 있다. 하지만 여전히 디지털 기기 사용에 익숙하지 못한 75세 또는 80세 이상 후기 고령층과 무선 인터넷 등 디지털 기기 사용을 위한 제반 시설을 갖추기 어려운 저소득층 노인들이 체감하는 디지털 정보격차는 더욱 심화할 가능성이 크다. 후기 고령층, 저소득층 노인이 당면한 문제는 세대가 지나도 모두가 의도적으로 노력하지 않으면 바뀌기 쉽지 않은 부분들이므로 더욱더 많은 관심이 필요하다.

치매 노인이 겪는 차별과 소외

앞에서 후기 노인, 저소득층 노인이 디지털 소외를 경험할 확률이 상대적으로 높다고 이야기했다. 이처럼 차별당하고 소외당하는 고령인구 집단 내에서도 더욱 큰 차별 위험에 노출되는 구성원이 있을 수 있다. 치매 또는 인지 저하를 경험하는 노인도 집단 내에서 더욱 큰 차별과 소외에 노출되는 대표적인 구성원이라고 볼 수 있다.

치매관리법 제2조에 따르면 치매란 "퇴행성 뇌 질환 또는 뇌혈관계 질환 등으로 인하여 기억력·언어능력·지남력(指南力: 시간과 장소, 상황이나 환경 따위를 올바로 인식하는 능력)·판단력 및 수행 능력 등의 기능이 저하됨으로써 일상생활에서 지장을 초래하는 후

65세 이상 추정 치매 환자 수

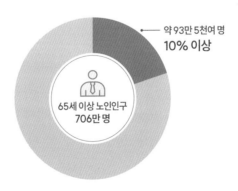

약 93만 5천여 명
10% 이상

65세 이상 노인인구
706만 명

출처: 중앙치매센터

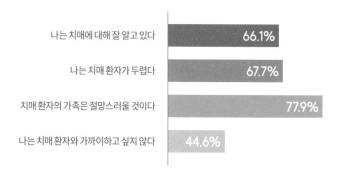

나는 치매에 대해 잘 알고 있다   66.1%

나는 치매 환자가 두렵다   67.7%

치매 환자의 가족은 절망스러울 것이다   77.9%

나는 치매 환자와 가까이하고 싶지 않다   44.6%

출처: 중앙치매센터, 「2021 치매 인식도 평가도구 마련 및 조사 연구 보고서」

천적 다발성 장애"를 의미한다. 즉, 치매 원인 및 질환 종류와 정도, 증상은 다양할 수 있으나, 많은 치매 환자는 일상생활을 하는 데 필수적인 다양한 기능을 잃어가면서 가족 등 보호자의 도움과 돌봄을 받아야 한다.

대표적인 노인성 질환인 치매는 급속한 고령화와 함께 환자 규모가 커지고 있다. 중앙치매센터에 따르면, 2022년 기준 65세 이상 추정 치매 환자 수는 93만 5,086명에 이른다. 이는 65세 이상 노인의 10.4퍼센트, 즉 10명 중 1명 이상이 치매 환자임을 의미한다.

치매 유병률은 나이 들면서 급증하여 85세 이상 노인 중 약 40퍼센트에 이른다. 이렇게 치매 환자 수 및 인구 대비 비중이 큼에도 여전히 치매에 대한 부정적인 인식은 높고 사회적 수용도는 낮은 편이다. '치매 환자가 (매우) 두렵다'는 응답이 67.7퍼센트, '치매 환자와 (매우) 가까이하고 싶지 않다'는 응답이 44.6퍼센트나 차지했다. 이는 중앙치매센터에서 2021년에 실시한 전국 성인 대상 치매 태도 조사 결과다.

치매에 대한 부정적 인식은 한국뿐 아니라 국제적으로 나타나는 현상이다. 언론 보도, 소셜 미디어, 그리고 1989~2018년 출간된 60여 편의 영문 논문을 분석한 한 국외 연구 결과를 살펴보자. 그에 따르면, 영화·TV 드라마 등 대중문화에 나타난 치매는 대부분 두려움(fear), 수치심(shame), 죄책감(guilty) 등 부정적인 감정과 관련이 깊다. 이러한 치매에 대한 부정적인 대중 이미지가 형성되면서, 결국 치매 환자와 그렇지 않은 사람 사이의 사회적 거리감을 만든다.

치매에 대한 사회의 부정적 인식은 당사자뿐 아니라 치매 환자의 가족에게도 영향을 미친다. 치매 환자 가족의 약 35퍼센트는 사회의 부정적 인식·차별 때문에 자기 가족의 치매 진단 사실을 숨긴 경험이 있다고 응답했다. 이는 국제 알츠하이머 협회(Alzheimer's Disease International, ADI)의 2019년 조사 결과다.

앞에서 노인 자살 원인을 설명하면서 필자는 치매 진단 후 자살 위험성이 증가할 수 있다고 언급했다. 이러한 현상도 치매를 안고 사는 일에 대한 두려움, 수치심, 가족에 대한 부담감 등의 부정적 인식을 일부 반영한다고 볼 수 있다. 실제 2021년 중앙치매센터의 치매 인식 관련 조사에서도 '치매가 있어도 행복하게 살 수 있다'라는 문항에 대한 60세 이상 응답자의 점수는 100점 만점에 45.4

점에 그쳤다. '치매 진단=불행'이라는 인식이 매우 깊음을 알 수
있다.

'모든 연령층을 위한 사회'를
만드는 것이 중요한 이유

모든 세대가 동등하게 권리를 누리는 사회는 왜 절실한가

우리 주변에서 나타나는 이러한 노인 혐오, 차별, 소외 현상을 이론적으로 좀 더 접근해보자. 사회문화, 경제, 기술 등 여러 방면에서 우리 사회의 변화 속도가 점점 빨라지면서 세대 간 가치관과 인식·생활환경의 차이도 계속 확대된다. 이러한 차이는 세대 간 이해 부족과 갈등을 불러일으키고, 특히 노인과 같은 특정 연령 집단에 대한 부정적 인식과 혐오를 확산한다.

다른 세대, 연령 집단에 대한 혐오와 갈등을 '연령주의' 또는 '에이지즘'이라고 표현한다. 연령주의는 차별과 부정적 인식을 받는 특정 집단뿐 아니라 사회 전체의 소통과 통합을 어렵게 한다. 결국에는 사회 구성원 모두에게 부정적인 영향을 줄 수 있다. 연령 차별이 없는 사회, 연령과 관계없이 모든 세대가 동등하게 권리를 누릴 수 있는 사회에 대한 필요성은 꽤 오래전부터 제기되어왔다.

2002년, UN은 '고령화에 관한 마드리드 국제행동계획(Madrid International Plan of Action on Ageing, MIPAA, 이하 MIPAA로 표기)'을 발표했다. UN은 이 계획을 통해 정부와 국제시민단체 등이 고령화가 초래하는 문제들에 대응하기 위해 취해야 하는 다양한 행동계획을 제안했다. MIPAA는 특히 '모든 연령층을 위한 사회(society for all ages)'를 만드는 것이 중요하다고 강조했다.

MIPAA는 노인이 개인과 사회의 부담이 아닌, 공동체의 발전에 기여할 수 있는 구성원이라는 점을 강조한 최초의 국제 협약이기도 하다. 그렇다면 노인을 포함한 모든 연령, 세대가 공존하며 행복할 수 있는 사회를 어떻게 만들어갈 수 있을까? MIPAA에서는 "aging in place", "active aging"과 같은 고령화 사회에 있어 중요한 가치를 소개했다.

MIPAA는 노인이 시설이나 병원이 아닌 자신이 살던 지역 사회에서 계속 거주하면서(aging in place) 적극적인 참여와 기여를 통해 활기찬 노후 생활을 할 수 있는(active aging) 사회가 노인을 포함한 모든 구성원이 살기 좋은 공동체라는 점을 강조했다. 이러한 가치를 기반으로, WHO는 전 연령대의 모든 구성원이 건강, 사회 참여, 안전을 위한 기회를 적절하고 균등하게 가질 수 있는 포용적이고 접근성이 뛰어난 사회를 가리키는 '고령 친화(age-friendly)' 사회 또는 고령 친화 도시 개념을 확립하고, 전 세계 고령 친화 도시 확대를 위해 노력하고 있다.

이러한 노력의 하나로 WHO는 2007년 고령 친화 도시 가이드라인을 개발했다. 이러한 가이드라인을 만들 때 노인의 관점이 잘 반영될 수 있도록 세계 33개국의 노인과 노인 부양자 및 서비스 제공자 약 2,200명의 인터뷰를 토대로 가이드라인을 만들었다. 고령 친화 사회를 만들기 위한 노력은 물리적인 환경 개선, 돌봄 및 의료서비스의 양적, 질적 개선 등 다양한 방면에서 필요하다.

WHO의 고령 친화 도시 가이드라인에서는 나이 들어가는 모든 시민의 안전 · 건강 · 사회 및 경제적 참여가 자유로운 사회 환경을 만들기 위해 공중화장실 같은 외부 환경에서부터 일자리, 보건 영역까지 광범위한 개입이 필요함을 강조한다. 필자는 사회복지학자로서 이러한 고령 친화 노력을 크게 두 가지 측면에서 이해해보고자 한다.

노인 자살률을 낮추기 위한 비책, 사회보장 제도 확대

먼저, 기본적으로 인간다운 삶을 보장할 수 있는 안전망을 구축할 수 있도록 공적인 지원이 필요하다는 점이다. 즉, 적절한 의료와 돌봄 서비스를 받을 수 있고, 안전하고 인간다운 삶을 살 수 있는 경제적 여유가 뒷받침되어야 한다. 누구나 사회의 구성원으로 당당히 참여하고 다양한 사람들과 함께 좋은 관계를 맺을 수 있는 제도적 기반을 마련하는 노력이 필요하다.

앞에서 높은 노인 자살률의 이유를 설명하면서, 우리는 빈곤 ·

정신 건강 문제·신체 기능상 어려움 등을 주요 원인으로 살펴보았다. 이러한 경제적·정신적·신체적 어려움은 누인을 지역 사회·가족·경제 등 삶의 주요 영역에서 배제한다. 배제는 고립과 외로운 삶을 만들어낸다. 이렇게 배제된 이들을 다시금 사회로 통합하는 기능을 할 수 있는 하나의 통로가 사회보장 제도다.

사회보장이란 사회 구성원에게 출산·양육·실업·노령·장애·빈곤 등 생활의 위험이 발생했을 때 사회적으로 보호하는 대응 체계를 가리키는 포괄적인 용어다. 현재 한국에서 시행되는 대표적 사회보장 제도는 국민연금·건강보험·노인장기요양보험 등과 같은 사회보험 제도, 취약 계층의 기본적인 소득과 의료 보장을 주목적으로 하는 국민기초생활보장 제도가 있다. 그밖에 노인·아동·장애인 등을 대상으로 제공되는 다양한 사회복지 서비스 등이 있다.

이 중 국민연금과 기초노령연금 제도를 통해 상당수 노인이 노후의 기본적인 소득을 보장받을 수 있게 되었다. 노인장기요양보험을 통해 65세 이상이며 신체적·인지적 기능이 약화하여 일상생활 지원이 필요한 경우, 가정 또는 시설에서 돌봄·요양 서비스를 받을 수 있게 되었다.

노인장기요양보험에 대해 좀 더 자세히 알아보자. 노인장기요양보험은 "고령이나 노인성 질병 등의 사유로 일상생활을 혼자서 수행하기 어려운 노인 등에게 제공하는 신체활동 또는 가사활동 지원 등의 장기 요양 급여에 관한 사항을 규정한다. 또한 이는 노후의 건강 증진 및 생활 안정을 도모하고 가족의 부담을 덜어줌으로써 국민 삶의 질을 향상하도록 함을 목적"으로 하는 사회보험 제도다(노인장기요양보험법 제1조).

제도가 시행된 2008년 기준 총지출액은 5731억 원 규모였다. 그리고 2021년 기준 총지출액은 11조 원을 넘어섰다. 장기 요양 인정자(장기 요양 서비스를 받고자 신청하고 연령 및 자격을 갖추었다고 인정받은 자) 수는 동 기간 노인인구 증가율보다 2배 이상 높은 연평균 12.4퍼센트에 이른다. 이렇듯 노인장기요양보험은 대상자 수와 예산 면에서 크게 확대되었다. 그러나 사회보장 제도 확대가 노인 자살률 감소에 직접적으로 영향을 미쳤는지를 검증하기란 사실 어렵다.

사회보장 제도는 앞에서 살펴본 대로, 복합적인 개념을 지녔을 뿐 아니라 여러 영역을 포괄한다. 사회보장 제도 변화와 더불어 다양한 사회경제적 방면에서 동시다발적으로 변화가 이루어진다. 이렇듯 한 가지 요인을 직접적 원인으로 꼽기는 어렵다.

그럼에도 2000~2022년 발표된 OECD 국가들의 정신 건강과 사회보장 제도 관련 30개 연구를 종합한 어느 연구는 주요 사회보장 제도 확대가 국민의 정신 건강 향상과 유의미한 관계가 있음을 밝혀냈다. 앞서 살펴보았듯, 한국의 노인 자살률은 여전히 높은 수준이지만 2010년 전후로는 차츰 감소하기 시작했다.

65세 이상 노인의 자살률은 2010년 인구 10만 명당 81.9명에서 2022년 39.9명으로 내려갔다. 특히, 2010년대 초반 80세 이상에서

의 자살률 감소가 두드러졌다. 이 시기는 노인장기요양보험 제도
가 처음으로 정식 도입된 2008년 7월 직후다.

노인장기요양보험 제도가 노년층의 정신 건강과 자살 예방에
긍정적인 영향을 준 것으로 추정되는 대목이다. 건강이나 여러 기
능상 어려움으로 인해 자살 충동을 느끼는 노인이 어려움을 호소
할 수 있고, 또 적절한 공적 돌봄 서비스를 받을 수 있는 여건이 갖
춰짐으로써 자신이 가족에게 부담스러운 존재일 수 있다는 염려
를 덜 수 있기 때문이다.

모든 세대 구성원이 상생하는 지역 사회는 어떻게 만들어지는가

❶ 노인의 권리가 존중받는 지역 사회

경제적 · 물질적 여건이 허락된다고 해도 차별받고 환영받지 못
한다는 느낌이 든다면 노인들은 지역 사회 활동에 적극적으로 참
여할 수 없을 것이다. 고령 친화 사회를 위해서는 국가 차원에서
고령화에 대응하고 노인들의 기본적인 생활 보장을 위한 제도적
기반을 마련해야 한다. 그와 동시에 구체적 삶의 공간인 지역 사회
도 고령 친화적으로 재편되어야 한다. 이를 위해서는 노인을 포함
한 전 세대 사회 구성원의 쉼 없는 노력이 필요하다.

앞에서 살펴보았던 지하철 무임승차나 디지털 소외 문제도 이러

한 고령 친화적인 지역 사회를 지향하는 방향으로 해결하려는 노력이 뒷받침되어야 한다. 지하철 승차·운임 제도 변화로 인해 나이 들어가는 모든 시민의 대중교통 접근성과 편의성에 어떤 영향을 주는지의 문제가 지하철 무임승차 이슈의 대표적인 예다. 그밖에 고령자의 이동권은 보장받을 수 있는지, 대중교통 환경 변화가 고령자의 사회 참여와 의료서비스 접근을 확대할 수 있는지 등을 고려하여 고령 친화적인 지하철 및 대중교통 체계 방향을 제안할 수 있다. 또한, 고령층이 경험하는 디지털 정보격차를 인지하고, 모든 고령자가 스마트 기기나 인터넷 장비를 사용하도록 유도할 수 있다.

디지털 시대 모든 연령층을 포용하기 위한 고령 친화 도시의 필수적인 요소 중 하나로, 충분히 그리고 적절하게 활용할 수 있는 역량을 키울 수 있도록 지원하는 일을 꼽을 수 있다. 앞에서 언급한 「디지털 정보격차 실태조사」 결과에 따르면, 특히 고령층의 경우 일반 국민과 비교해 디지털 기술 활용 역량 부문에서 격차가 크게 나타났다. 무엇보다 가족·이웃·지역 사회를 통해 디지털 활용 기술을 배울 기회를 확대해야 한다. 또한 많은 노인이 이러한 배움의 기회에 참여할 수 있는 기반을 마련해야 한다.

❷ 전 세대가 소통하는 지역 사회

WHO의 고령 친화 도시 가이드라인에 따르면, 고령자에 대한 사회적 존중과 세대 간 통합 역시 고령 친화 사회를 만들기 위한 중요한 8대 요건 중 하나다. 반면, 우리 사회의 고령자에 대한 차별적 인식이나 사회적 배제는 여전히 지속되고 있는 것으로 판단된다. 우리는 앞에서 지하철 무임승차 이슈기 미디어에서 유통되는 방식이나 고령자가 경험하는 디지털 정보격차 통계에서도 고령자가 소외되고 배제되는 현실을 살펴볼 수 있었다.

65세 이상 연령층의 경우 지난 1년간 나이 때문에 부당한 대우나 불이익을 경험한 적이 있다는 비율이 25.8퍼센트에 이른다. 이는 한국행정연구원의 「2022년 사회통합실태조사」에 의한 결과다. 65세 이상 연령대는 전 연령대 중 가장 높은 연령 차별 경험률을 보였다. 특히 9.5퍼센트의 30대보다는 약 3배 정도 높은 경험률을 나타냈다.

노인이 존중받고, 전 세대가 자유롭게 소통하고 상생할 수 있는 사회를 어떻게 만들 수 있을까? 무엇보다 세대 간에 원활히 소통할 수 있고 교류할 기회가 많아진다면 상대방에 대한 이해를 높이고 좀 더 신뢰할 만한 사회를 만들어갈 수 있을 것이다.

앞에서 살펴본 세대 갈등에 관한 2020년 한국보건사회연구원의 조사 결과를 살펴보자. 약 40퍼센트의 응답자가 세대 간 소통 기회 부족을 주요 갈등 원인이라고 응답했다. 약 10명 중 8명은 우리 사회에서 세대 간 교류 기회가 점점 감소한다고 인식한다. 세대 간 간극이 커지고 갈등이 심화한다고 판단할 수 있는 대목이다.

〈앙리 할아버지와 나(Grandpa Henri and I)〉는 프랑스 극작가 이방 칼베락(Ivan Calbérac)이 2012년 발표한 희곡으로, 한국에서도 대학로 연극을 통해 소개되었다. 또한 영화로도 제작되어 〈미스터

앙리와의 조금(?!) 특별한 동거〉(2015)라는 제목으로 개봉되기도
했다. 연극 〈앙리 할아버지와 나〉는 파리의 한 아파트에서 혼자 사
는 까칠한 할아버지 '앙리'의 집에 시골 마을을 떠나 파리에서 독
립을 시작하게 된 대학생 '콘스탄트'가 입주하면서 이야기가 시작
된다.

사이가 좋지 않았던 아들의 권유로 새로운 입주민을 맞게 되면
서 앙리 할아버지는 처음에는 콘스탄트에게 마음을 열지 못한다.
하지만 전혀 어울리지 않을 것 같은 두 사람은 좌충우돌 동거하면
서 천천히 서로에게 마음을 열어간다. 세대 간 갈등은 결국 화합과
연대로 마무리된다.

줄거리만 보면 웃음과 감동을 주는 힐링 드라마다. 그러나 작
품 배경을 살펴보면, 프랑스의 조금 특별한 동거 프로그램을 발견
할 수 있다. 바로 '연대적 세대 간 동거(cohabitation intergénérationnelle
solidaire)'다.

세대 간 동거 프로그램은 각 사람의 상황에 맞는 교류의 틀 안
에서 청년층과 노년층이 동거한다는 원칙으로 운영된다. 2003년
에 프랑스는 갑작스러운 폭염으로 노인들이 대거 사망하면서 충
격에 빠졌다. 이에 혼자 사는 노인의 건강과 안전 문제에 대한 대
안으로 2004년부터 이 '세대 간 동거' 프로그램이 시행되었다.

세대 간 동거는 노년층의 안전과 보호를 위해 시작되었다. 그런
데 이 프로그램은 노년층의 사회적 문제를 해결하는 것으로 그치
지 않는다. 전 세계에서 가장 높은 물가를 자랑하는 도시 중 하나

인 파리의 주거 비용은 상당히 비싼 것으로 알려졌다. 이에 청년들은 아르바이트를 하거나 정부가 지원하는 주택 보조금을 받으며 학업을 병행한다. 사회 초년생이 감당하기에 파리의 월세는 여전히 벅차기만 하다. 따라서 세대 간 동거는 주택난을 겪고 있는 청년들에게 무료 또는 저렴하게 주택을 제공한다. 그와 동시에 노년층에게 안전은 물론 소액의 추가 수입도 제공한다는 점에서 세대 간 동거 프로그램은 그야말로 청년과 노인 모두를 위한 전략이라고 볼 수 있다.

아울러 2018년 세대 간 동거 프로그램이 법률로 규정되면서 노인 임대인과 청년 임차인의 조건과 의무에 대한 자세한 사항을 법례화했다. 특히 당사자들의 합의에 따라 '함께 산책하기', '매주 1회 함께 저녁 먹기', '매주 1시간 동안 대화하기' 등의 내용을 계약 사항에 포함할 수 있다.

우리나라에서도 노인세대와 청년세대의 정서 문제, 사회적 고립 문제를 완화하는 방향으로 제도를 추진하고 있다. 예를 들어 서울시도 프랑스 세대 간 동거 프로그램과 비슷한 사업을 추진한다. 바로 '한 지붕 세대 공감(홈셰어링)' 사업이다. 대학가에 주택을 소유한 노인이 남는 방을 대학(원)생에게 싼 가격에 임대하는 정책이다. 서울시 집계를 보면 2018년 251건, 2019년 226건의 매칭이 이루어져 제도 규모가 크지는 않다. 게다가 코로나19 팬데믹 이후 매칭 건수는 더욱 감소한 것으로 나타났다. 그럼에도 세대 간 교류, 이웃 간 소통의 공간과 기회를 만든다는 점에서 홈셰어링 사업은 전 세대가 상생하는 지역 사회 건설을 위한 좋은 사례라고 볼 수 있다.

❸ 치매 친화 지역 사회

지역 사회 고령자 중에서도 특히 부정적인 인식과 사회적 소외에 더욱 크게 노출되는 치매 노인과 그 가족을 위해 WHO에서는 고령 친화 사회를 넘어 치매 친화(dementia-friendly) 사회가 되기 위해 노력해야 한다고 제안한다. WHO에 따르면, 치매 친화 사회란 치매에 대한 편견·차별 등 부정적 인식이 개선되고 치매 환자와 가족이 존중받는 사회를 의미한다.

치매 친화 사회는 치매 포용(dementia-inclusive) 사회라고도 불린다. 이 개념에 따르면, 치매 포용 사회란 단지 치매에 대한 차별이 존재하지 않는 것을 넘어 치매 환자와 가족이 적극적으로 참여할 수 있는 사회다. WHO는 치매 노인·환자가 사회 안에 포용 및 수용되며, 보건 의료·돌봄 서비스 등 다양한 권리를 보장받을 수 있어야 함을 강조한다. 그렇다면 치매 친화적인 지역 사회를 어떻게 만들어갈 수 있을까?

여러 가지 방법이 있을 수 있겠으나, 여기서는 특별히 치매 환자를 전 세대가 함께 돕고 포용하는 방안을 소개하고 싶다. 영국에서 시행되는 치매 친화 세대(dementia-friendly generation) 교육 과정은 치매 친화적인 지역 사회를 위해 아동, 청소년, 청년을 포함한 전 세대가 함께하는 노력을 엿볼 수 있다.

치매 친화 세대를 만들기 위한 교육 프로그램에는 치매 예방과 인지 건강, 치매 가족 돌봄을 위한 사이느라인 등 다양한 치매 관련 정보를 나이와 학년에 맞게 제공한다. 아동·청소년들이 실제 치매 환자를 만나 이야기하고 활동을 진행하며 이들을 이해하고 지역 사회 구성원으로 함께할 방안을 구체적으로 모색하는 내용 등을 포함한다.

실제로, 우리나라의 초등학교에 해당하는 영국 버나드 길핀 초등학교(Bernard Gilpin Primary School)에서는 다채로운 치매 관련 교육 과정을 제공하는 것으로 유명하다. 치매 예방·돌봄 등 관련 정보를 전달하는 전통적인 강의 방식의 교육 외에도 아이들과 치매 환자, 기타 지역 주민들이 함께할 수 있는 세대 친화적인 활동들을 기획 및 운영하고 있다. 예를 들어, 치매 환자를 직접 학교에 초청하여 치매를 안고 사는 일상은 어떠한지 듣는 시간을 마련했으며, 아이들이 어떻게 치매 환자를 도우며 지역 사회에서 함께하면 좋을지 토의하는 시간을 갖기도 했다.

이 학교의 흥미로웠던 프로그램 중 하나로 '더 리빙 룸(The Living Room)'을 들 수 있다. 이것은 해당 학교 학생뿐 아니라 치매 환자와 가족을 포함한 지역 사회 주민도 자유롭게 이용할 수 있도록 하는 프로그램인데, 이를 위해 학교 내에 특별 공간을 마련하기도 했다. 치매 환자, 가족, 주민, 그리고 초등학교 학생들이 모두 함께 참여하는 합창단, 댄스 동아리 등 다양한 활동들을 지원했다는 점도 특별하다.

"한 분의 어르신을 모시는 데에도 온 마을이 필요하다"

지역 사회 내에서 서로 신뢰할 만한 긍정적인 관계를 형성할 수 있다면 고령자를 포함한 사회 구성원 모두의 삶의 질을 높일 수 있다. 평소 주민들과 서로 신뢰하고 도우며 생활한다고 인식하는 노인의 경우, 건강 수준이 눈에 띄게 높았으며 우울감 수준은 확연히 낮은 것으로 나타났다.

전 세대, 특히 노인 세대에서 1인 가구가 늘어나면서 가족 또는 가구 구성원을 넘어 지역 사회와 연결되어 있다는 느낌은 소속감과 안정감을 줄 수 있다. "한 아이를 키우는 데 온 마을이 필요하다(It takes an entire village to raise a child)"라는 유명한 아프리카 속담이 있다. 아이들이 행복하게 자라려면 그 아이의 가정 하나만이 아니라 마을 전체의 노력이 필요하다는 의미다. 아이가 자랄 때만 '마을'이 필요한 것은 아니다. 한 분의 어르신을 모시는 데에도 온 마을이 필요하다.

노인을 포함한 전 사회 구성원, 특히 사회, 경제 혹은 건강 면에서 약자인 구성원의 권리와 행복을 위해 전 세대가 교류하며 서로 도울 수 있는 기회와 공간을 확대해가야 한다. 소득, 보건 의료 등 기본적인 삶의 질 보장을 위한 사회 안전망을 공고하게 만들어 우리 사회 구성원이 '모든 연령층을 위한 사회'를 함께 만들어갈 수 있기를 기대한다.

노시니어존

VIII

"
75세가 되면
죽음을
선택해야 한다?
"

하야카와 치에

영화 〈플랜 75〉 감독

영화 <플랜 75> 중

제공: 찬란

영화 <플랜 75>
하야카와 치에 감독 인터뷰

01

Q 〈플랜 75〉는 어떤 영화인가요?

A 〈플랜 75〉는 일본 사회를 무대로 75세 이상 노인에게 스스로 죽음을 선택할 수 있게 하는 가상의 제도가 시행되는 이야기입니다. 고령화 사회가 모티브이지만 고령화에 관한 영화를 찍고 싶었던 건 아닙니다. 그럼에도 최근 노인, 장애인 등 사회적으로 입지가 약한 사람들에게 쏟아지는 비난이 도를 넘고 있다는 점에 위기감을 느껴 이 영화를 만들었습니다.

02

Q 나이를 75세로 설정한 이유는 무엇인가요?

A 언젠가부터 일본에서는 75세 이상 노인을 '후기 고령자'라고 불렀습니다. 20년 전쯤이었을 겁니다. 저는 이 명칭이 올바르지 않다고 생각했어요. 75세를 넘으면 국가로부터 "당신의 인생은 끝났다"라고 통보받는 기분이 들기 때문에 불쾌하기도 했습니다. 지금은 75세 이상을 '후기 고령자'로 부르는 것이 당연해졌습니다. 그래서 영화에서와 같은 시스템이 시행된다면 75세에서 선이 그어질 것으로 판단했습니다. 영화 제목 〈플랜 75〉는 그런 맥락에서 정해졌습니다.

03

Q 영화를 만들게 된 동기는 무엇인가요?

A 2016년 7월 26일 새벽, 일본 사가미하라시에 위치한 장애인 시설의 입소자들을 한 남성이 무차별 살해한 사건이 발생했습니다. 이로 인해 지적 장애인 19명이 사망하고, 26명이 부상을 입었습니다.

　이곳 장애인 시설의 전(前) 직원이었던 범인 우에마쓰 사토시

(植松聖)는 "사회에 도움이 되지 않는 사람들은 살아 있을 가치가 없다"라는 극단적인 주장을 했습니다.

이 사건은 일본의 모든 사람에게 충격을 주었지만, 동시에 불안한 경향도 드러냈습니다. 이후 사건의 영향을 받아 비슷한 사건이 일본 사회에서 연이어 일어났고, 사회적 효용을 기준으로 인간 생명의 가치를 판단하는 감정이 커졌습니다.

냉철하게 생각해보면, 이런 참담한 사건들은 언젠가는 일어날 일이 일어난 것이었다고 생각합니다. 제가 이렇게 판단하는 이유는 사람의 목숨 가치를 '사회에 도움이 되느냐, 되지 않느냐'를 기준으로 결정하는 풍조가 일본 사회에 독가스처럼 번져나가고 있었기 때문입니다.

문제의식을 느꼈다기보다는 분노가 치밀었죠. 당시 정치인이나 연예인 등 이른바 셀럽들도 장애인이나 노인을 향한 차별 발언을 서슴지 않는 일이 자주 있었습니다. 그 모든 일을 눈으로 직접 보며 느낀 감정이 이 영화를 제작하는 데 동기부여가 되었습니다. 이 영화를 만듦으로써 문제를 제기하고 싶었고, 과연 영화 속 세상 같은 사회에서 살고 싶은지 진지하게 묻고 싶었습니다.

04

Q 영화 속 외국인 노동자 '마리아'의 서사를 통해 전하고 싶은 메시지는 무엇인가요?

A 애초 각본 단계에서는 마리아(스테파니 아리아 분)가 등장하는 장면을 좀 더 풍부하게 그릴 계획이었습니다. 하지만 예산, 촬영 기간 등 복잡한 상황으로 마리아의 서사를 줄일 수밖에 없었죠. 그로 인해 영화 속 마리아를 오롯이 담아내지 못한 듯해서 아쉬움이 남습니다.

영화에서 마리아는 필리핀에서 온 간병인으로 등장합니다. '왜 필리핀에서 온 간병인이어야만 했을까?'라는 의문을 품을 수 있는데요. 필리핀 사람들은 가족 간, 공동체 간 유대 관계가 돈독합니다. 도움이 필요한 사람이 있으면 망설임 없이 나서서 도와주고, 타인도 가족처럼 보살피며 산다는 인상을 받았어요. 제 눈에 비친, 일본 사회에 존재하는 필리핀인 타운은 구성원끼리 서로 돕고 감싸며 살아가는 가족 같은 공동체라고 할 수 있습니다.

예전에는 일본에서도 공동체 구성원 간에 어느 정도 공감대와 연대의식이 있었는데, 갈수록 그런 것들이 사라져가는 것 같아요. 사람들 간 연결고리가 약해진다고 할까요? 일본 사회의 그런 풍조와 대조적인 존재를 보여주고자 영화 속 마리아라는 캐릭터를 만들었습니다.

이 영화에 등장하는 마리아라는 인물과 일본인들의 차이점이 또 하나 있습니다. 일본인들은 자기 말과 행동을 다른 사람들이 어떻게 생각하는지 지나치게 신경 쓰면서 살아갑니다. 타인의 시선이 자기 행동 방향을 결정하는 주요 요인이 되죠. 그래서 어떤 일을 자신은 찬성하지 않음에도 주위 사람들의 의견에 휩쓸리는 일이 잦습니다. 반면, 마리아는 양심에 따라 자신이 옳다고 믿는 대로 행동하는 인물입니다. 다른 사람들의 의견이나 분위기에 휩쓸리지 않죠. 이런 점을 대조적으로, 명확히 표현하기 위해 마리아라는 개성 넘치는 캐릭터가 필요했습니다.

05

Q 외부자의 눈으로 볼 때 영화 속 일본인은 '남에게 폐를 끼쳐서는 안 된다'라는 의식이 강한 것 같습니다. 만약 그렇다면, 이런 집단 감수성이 노인 문제에도 영향을 미치는 측면이 있을까요?

A 일본인들은 어릴 때부터 가정이나 학교에서 다른 사람에게 폐를 끼쳐서는 안 된다고 배우며 자랍니다. 마음속에 깊이 뿌리내린 정서 같은 것이라고 할까요? 이런 경향이 심해지면 절박한 상황에서도 도움을 청하지 못하는 사회가 됩니다. 심지어 어쩔 수 없이 다른 사람의 도움을 받아야 하는 사람을 경멸하고 비난할 위험성

도 있지요.

오늘날 일본 사회에서는 많은 사람이 다른 이에게 폐를 끼쳐서는 안 된다는 생각에 사로잡혀 오히려 좋지 않은 영향을 끼치는 것 같습니다. 특히 고령화 사회에서 그런 생각이 행동과 실천의 발목을 잡아서 노인뿐 아니라 대다수 사람이 점점 더 살기 힘들어지는 사회가 되어가는 게 아닌가 싶습니다.

06

Q 개봉 후 일본 관객들의 반응은 어땠나요?

A 이 영화는 2022년 일본에서 개봉되었는데, 당시 많은 노인 관객이 영화관으로 몰려들었습니다. 대다수 극장에서 관객의 약 80퍼센트가 고령자였죠. 그중 젊은 관객도 눈에 띄었는데, 그들로부터 전해 들은 이야기가 인상적이었습니다. 영화가 끝난 뒤 쥐 죽은 듯 조용해져서, 주위를 둘러보니 모두 약속이나 한 듯 한동안 뚫어지게 화면을 응시하고 있었다는 겁니다. 한참 후, 몇몇 젊은 관객이 '여기 계신 할아버지, 할머니들은 이 영화를 보고 무슨 생각을 하셨을까?', '이분들은 앞으로 어떤 삶을 살아가시게 될까?' 등의 이야기를 나누었다고 들었고요. 극장 안 노인 관객들에게 말을 건넨 젊은 관객도 있었다고 해요. 반대로, 노인 관객이 젊은 관객에게 "젊은 사람이 어떻게 이 영화를 보러 왔어?"라고 물었다고 하더라

고요.

극장 안에서 그런 소소한 교류와 공감대가 형성되었다는 이야기를 듣게 되어, 영화를 만든 사람으로서 뿌듯하고 행복했습니다. 〈플랜 75〉라는 영화를 통해 그동안 서로 다른 세상에 산다고 생각해온 젊은 세대와 노년층이 서로를 좀 더 깊이 이해하게 되고, 역지사지하는 계기가 된 것 같아 기뻤습니다.

07

Q "정부는 '플랜 65'를 검토 중이다"라는 뉴스 기사를 영화 끝에 배치하지 않고, 대사 없는 해와 빛의 이미지가 담긴 엔딩 장면으로 마무리하신 이유가 궁금합니다.

A 저는 우리 사회를 비관적으로 바라보는 편입니다. 그리고 그 점에서 출발하여 영화를 만들기 시작했죠. 그렇지만 두 시간 남짓 분량의 영화 속에 적어도 한 장면 정도는 희망의 메시지를 넣고 싶었어요. 관객이 '희망의 싹' 같은 것을 발견하게 하는 엔딩을 만들고 싶었다고 할까요.

하지만 우리의 현실은 냉혹해서 해피엔딩이 될 수 없다는 점도 알고 있지요. 그런 고민의 연장선에서 뭔가 변화의 조짐이나 인간성을 되찾을 조그만 가능성을 모색하는 차원의 엔딩을 만들고 싶어서 연출한 장면입니다.

08

Q 한국과 일본 모두 초고령화 사회까지 2~3년 정도밖에
남지 않았습니다. 일본의 경우 한국에 앞서 고령화 사회를
경험했는데, 빠르게 고령화되는 한국 사회에 들려주고 싶은
이야기가 있다면요?

A 저는 사회 문제를 연구하거나 다루는 전문가가 아니라서 제대
로 된 조언을 드리기는 어려운데요. 다만, 누구나 나이를 먹고 언
젠가 고령자가 될 것이므로 노년에 관한 주제를 모든 사람이 자신
과 관련 있는 문제로 여기며 당사자 의식을 가질 필요가 있다고
봅니다. 또 하나, 영화인의 한 사람으로서 영화를 포함한 다양한
장르의 문화예술이 우리의 상상력을 키우고, 공감력을 증대하며,
진지한 고민과 생각의 징검다리가 될 수 있다고 봅니다.

09

Q 최근 전 세계적으로 쟁점이 되는 고령화 사회와 초고령화
사회에서 세대 갈등과 노인 혐오 문제가 자주 발생하고
있습니다. 이와 관련하여 이 책의 독자에게 당부하고 싶은
말씀이 있다면요?

A 세대 간 교류가 사라진 지점에서 갈등과 다툼이 일어나기 쉽다고 봅니다. 그렇게 되면 언론을 통해 얻는 정보만으로 나른 세대 구성원들에 대한 왜곡된 이미지가 만들어지고 틈이 벌어집니다.

고령화 문제에 대해 간략히 말씀드리자면요. 출구가 보이지 않는 심각한 문제에 지금 우리가 맞닥뜨려 있다는 점을 전제로 얘기해보죠. 이에 대한 해결책을 찾지 못한 사람들의 분노가 노년층에게 과도하게 쏠린다는 점이 위험해 보입니다.

10

Q 한국 관객들이 이 영화를 통해 무엇을 느끼길 바라시나요?

A 관객이 이 영화를 어떻게 받아들이냐는 그들에게 달려 있다고 생각합니다. 그 연장선에서 '이 영화를 이렇게 생각해주세요' 식의 언급은 하지 않겠습니다. 고령화 문제에 관해서는 이렇게 말씀드리고 싶네요. "지금 우리는 '고령화'라는 심각한 문제에 맞닥뜨려 있다. 그런데 출구가 보이지 않는 문제 앞에서 사람들은 분노의 화살을 국가가 아닌 고령자에게 돌리며 문제의 본질을 호도하고 있다. 이런 식의 잘못된 여론으로 진실을 왜곡하는 세태가 고령화 문제 자체보다 더 심각하다"라고요.

좋은 죽음이란 어떤 것일까요? 사람마다 생각이 다를 것이기에 일반화해서 말씀드리기는 어렵겠습니다. 다만 개인적으로 저는 자신을 소중한 존재로 여기면서 맞이하는 죽음이라면 좋은 죽음, 존엄한 죽음이라고 말할 수 있다고 생각합니다. 누구나 언젠가는 노인이 될 것이기에 모든 사람이 당사자의 관점에서 문제를 바라보고 자기 일로 받아들여야 한다고 봅니다. 이런 사회 문제에 대해 타인과 공감하거나 깊이 고민할 수 있는 계기를 만들어주는 것이 영화를 포함한 다양한 분야에 걸친 문화예술의 책임과 역할이 아닌가 합니다.

티앤씨재단 콘퍼런스를 통해 많은 사람들 사이에 공감대가 생기면 좋겠습니다. 저도 힘껏 응원하겠습니다.

[老 see: near zone]

노시니어존

우리의 미래를 미워하게 된 우리

초판 발행일 2025년 3월 7일
2쇄 발행일 2025년 3월 21일

지은이 구정우, 김혜리, 김태유, 장기중, 이상희, 남궁은하, 하야카와 치에

기획 티앤씨재단
기획총괄 김희영
주소 (04400) 서울특별시 용산구 이태원로 244
전화 02-6013-8050
이메일 tnc@tncfoundation.org
홈페이지 https://tncfoundation.org

발행인 이상만
발행처 마로니에북스
등록 2003년 4월 14일 제 2003-71호
주소 (03086) 서울특별시 종로구 동숭길 113
도서 주문 02-741-9191

ISBN 978-89-6053-669-2(03040)